STEFANIE CARLA SCHÄFER

SELBSTLIEBE MACHT *stark*

LEICHTER LEBEN

STEFANIE CARLA SCHÄFER

SELBSTLIEBE MACHT *stark*

So schließen Sie Freundschaft mit sich selbst

SCORPIO

INHALT

Drittes Kapitel

Viertes Kapitel

HERZLICH WILLKOMMEN!

Stellen Sie sich vor, es gäbe so etwas wie eine universelle Medizin. Richtig angewendet hilft diese bei annähernd jedem Problem und ist noch dazu praktisch frei von Nebenwirkungen. Dieses Mittel gibt es allerdings nicht auf Rezept und in keiner Apotheke – Sie können es jedoch einfach in sich selbst entwickeln. Das klingt verlockend, nicht wahr?

Viel mit einer solchen Medizin gemeinsam hat die Fähigkeit, sich selbst lieben zu können. Sie schenkt uns ein Gefühl von Sicherheit, auch wenn wir vom Leben herausgefordert sind. Denn das ist unvermeidlich!

Eine bewusste und liebevolle Haltung zu uns selbst vermag uns sanft und achtsam mit unserem Innern zu verbinden, egal was im Außen passiert. Sie schafft Freude und eine heitere Gelassenheit, mit der das Leben einfach viel mehr Spaß macht.

Leider bekommen die wenigsten von uns von klein auf beigebracht, wie wichtig es ist, aufmerksam und liebevoll mit sich selbst umzugehen. So haben wir, wenn wir als Kinder die Erfahrung gemacht haben, mit bestimmten unserer Eigenschaften und Gefühlen abgelehnt worden zu sein, diese Haltung meist unbewusst ins Erwachsenenleben übernommen. Wenn es also vorkommt, dass Sie sich heute als Erwachsener manchmal selbst verurteilen, mit sich hadern und an sich zweifeln, seien Sie gewiss, dass es tatsächlich den meisten Menschen so geht.

DIE WAHRHEIT IN SICH SELBST ENTDECKEN

Vielleicht kennen auch Sie diese kritische innere Stimme, die besonders in schwierigen Situationen im Leben aufkommt und häufig Phrasen äußert wie »ich hätte«, »ich sollte«, »ich bin nicht gut genug« anstelle von »ich bin völlig okay so, wie ich bin«. Tagtäglich suggerieren uns außerdem die Medien und das Internet, wie wir als moderne Menschen heute

idealerweise sein sollten: leistungsstark und engagiert im Berufsleben, glücklich im Privaten, dabei natürlich schlank und attraktiv …
Das sind ganz schön viele Ideen und Programmierungen von außen, finden Sie nicht?
Meist ist es dann das Leben selbst, welches uns durch verschiedenste Erfahrungen mal sanft, mal auch sehr deutlich auffordert, nach innen zu schauen. Denn dort finden wir Antworten darauf, was wir selbst eigentlich für richtig halten – und das kann vielleicht etwas ganz anderes sein als diese Muster und Schablonen!
Die gute Nachricht:

Jeder Mensch kann lernen, sich selbst zu lieben und achtsam und wertschätzend mit sich umzugehen.

Um damit zu beginnen, brauchen Sie weder besondere Voraussetzungen noch ein bestimmtes Alter. Was zählt, ist vor allem Ihre Entscheidung, von nun an freundlich Ja zu sich selbst und Ihren Bedürfnissen zu sagen und liebevoll mit sich umzugehen.

Eine gewisse Ausdauer wird Ihnen dabei helfen, auch in schwierigen Momenten auf Ihrem neuen Weg zu bleiben. Denken Sie an ein kleines Kind, das laufen lernt. Es stolpert mit Sicherheit das eine oder andere Mal, aber es käme nie auf die Idee, sich dafür zu verurteilen. Vielleicht weint es kurz, weil es sich wehgetan hat, aber es wird immer wieder aufstehen und weiterlaufen, bis ihm diese Fähigkeit wie selbstverständlich zur Verfügung steht.

Auf Ihrem ganz persönlichen Weg der Selbstliebe möchte dieses Buch Sie unterstützen und inspirieren. Betrachten Sie es als einen freundlichen Begleiter, der Ihnen mit zahlreichen Übungen und praktischen Tipps zur Seite steht, während Sie die wichtigste Beziehung Ihres Lebens entdecken.
Fühlen Sie sich dabei unbedingt eingeladen, öfter mal innezuhalten und über sich selbst zu schmunzeln. *Eine Prise Humor kann Ihrer universellen Medizin der Selbstliebe eine angenehme Süße verleihen!*

Erstes Kapitel

Aller Anfang ist einfach: Die ersten Schritte

In diesem Kapitel erfahren Sie

Warum Selbstliebe nichts mit Egoismus zu tun hat

Welche Hindernisse es auszuräumen gilt

Was es mit Ihrem inneren Kritiker auf sich hat

Wie Sie sich Tag für Tag mit sich selbst verbinden können

AUFWACHEN UND BEGINNEN

Vermutlich kennen Sie das Gefühl, wenn ein Neuanfang ansteht. Dabei ist es gar nicht wichtig, diesen an bestimmten Äußerlichkeiten festzumachen. Vielmehr spüren Sie in sich vielleicht eine vage Ahnung aufsteigen, dass Sie sich bestimmte Veränderungen in Ihrem Leben herbeiwünschen.

Da gibt es möglicherweise die Sehnsucht nach mehr Leichtigkeit und Freude, nach einer größeren Verbundenheit mit sich selbst. Vielleicht auch den Gedanken, endlich mal die eigene Person an die erste Stelle setzen zu wollen, anstatt immer nur für andere da zu sein. Oder der deutliche Wunsch, alte Muster zu durchbrechen und auszusteigen aus dem persönlichen Hamsterrad, um statt der immer wiederkehrenden Enttäuschungen neue und positive Erfahrungen zu machen. Sie wünschen sich einfach mehr Wertschätzung, mehr Liebe in Ihrem Leben, und das ist allzu verständlich. Gleichzeitig ahnen Sie, dass Sie diese nur dann finden werden, wenn Sie es wagen, gewohnte Bahnen zu verlassen.

Ganz gleich, welche Geschichte Sie auch hierhin geführt haben mag, es ist wunderbar, dass Sie sich jetzt mit Selbstliebe beschäftigen möchten.

Wenn Sie in der einen oder anderen Form diesen »Aufwach-Impuls« in sich spüren, haben Sie bereits eine Basis, auf der Sie aufbauen können. Sie entscheiden sich voller Neugier für den Weg zu sich selbst, und ich kann Ihnen versprechen, dass dies eine äußerst spannende und lohnenswerte Reise ist. Vielleicht nicht immer einfach und reibungslos, aber gleichzeitig so bereichernd, dass Sie bestimmt nicht mehr darauf verzichten mögen!

WAS BEDEUTET SELBSTLIEBE EIGENTLICH?

Darf man das eigentlich, sich selbst lieben? Das hört sich so gar nicht bescheiden an … Ist man dann nicht selbstverliebt oder sogar egoistisch? So möchte doch niemand sein!

Vielleicht kennen Sie solche oder ähnliche Gedanken? Ich kenne sie gut. Lange Zeit glaubte ich, der innere Wert hinge vor allem mit dem äußeren Tun zusammen. Liebe und Anerkennung müssen verdient werden, da war ich mir sicher.

Aber sich einfach so selbst lieben? Ohne etwas Bestimmtes zu tun?

Ich habe den Eindruck, dieser Zweifel steckt in vielen von uns. Es gibt zahlreiche gesellschaftliche Vorstellungen, die uns vermitteln, wie wir sein sollen, um liebenswert und anerkannt zu sein. Der insbesondere in westlichen Ländern verbreitete Leistungsgedanke bezieht sich oft auch auf den zwischenmenschlichen Bereich: »Schau mal, was für ein toller Mensch, stets für alle anderen da: die Familie, den Partner und auch im Beruf steht er/sie seinen/ihren Mann. Wirklich bewundernswert!«

Besonders wir Frauen tragen oftmals noch das Erbe der Mütter- und Großmüttergenerationen in uns, das darin besteht, in erster Linie für andere zu sorgen und uns selbst hintenanzustellen. Wie wäre es dagegen, beiden Seiten gerecht zu werden – sich selbst und seinen Lieben?

Seien Sie gewiss: Gesunde Selbstliebe bedeutet etwas ganz anderes als Egoismus. Vielmehr ist damit gemeint, dass Sie eine freundliche und fürsorgliche Beziehung mit sich selbst pflegen. Denn erst, wenn die eigenen Batterien aufgeladen sind, können Sie auch wirklich für andere da sein!

Wenn Sie sich selbst ein guter Freund sind, haben Sie Mitgefühl mit sich, wenn es Ihnen mal nicht gut geht. Sie sind weniger bedürftig im Außen und warten nicht darauf, dass jemand anders Sie glücklich macht. Sie sorgen gut für sich, was Sie wiederum für andere anziehend macht. Gleichzeitig kennen Sie Ihre Bedürfnisse und Grenzen und können diese sanft und gleichzeitig bestimmt vertreten. Sie sind sich Ihrer selbst bewusst, auf eine angenehme und wertschätzende Weise. Den meisten Menschen fällt es leicht, sich anderen gegenüber freundlich und verständnisvoll zu verhalten. Gleiches gilt es auch für sich selbst zu entdecken!

SICH SELBST
zu lieben
ist der Beginn
einer LEBENSLANGEN
ROMANZE.
Oscar Wilde

DAS GLÜCK IN DIE EIGENE HAND NEHMEN

Der irische Schriftsteller Oscar Wilde notierte schon im vorigen Jahrhundert gut gelaunt, wie lohnenswert eine liebevolle Beziehung doch zu sich selbst sei. Bei genauem Hinschauen fällt einem dabei das Wort »lebenslang« auf. In der Tat sind wir selbst der einzige Mensch, der uns – garantiert – ein Leben lang begleitet! Das Leben selbst verändert sich stets und mit ihm oft auch die Menschen, die uns begleiten. So können sich Beziehungen und Umstände verändern, Kinder werden erwachsen, und auch Tod und Trennung gehören zum Wandel des Lebens dazu.

Sie selbst aber können bei alledem die Entscheidung treffen, bei sich zu sein und zu bleiben – komme, was wolle – und diese enge Beziehung sorgsam zu pflegen. Das bedeutet, dass Sie so etwas wie einen besten Freund in sich entdecken, mit dem Sie durch dick und dünn gehen können. Jemand, der Ihnen bildlich gesprochen auf die Schulter klopft, der Sie tröstet, sich um Sie kümmert, dem Sie am Herzen liegen. Sie schließen praktisch Freundschaft mit sich selbst.

VERANTWORTUNG FÜR SICH ÜBERNEHMEN

Dabei ist auch die folgende Erkenntnis ganz wichtig: Wenn Sie sich auf den Weg der Selbstliebe begeben, übernehmen Sie Verantwortung für sich. Sie beschließen, sich bewusst um Ihr persönliches Wohlbefinden, Ihre Gefühle und Ihre Gesundheit zu kümmern.

Sie nehmen Ihr Glück selbst in die Hand.

Glauben Sie mir, dieser Schritt wird belohnt: Das Leben wird wohlwollend jeden, der sich dazu entschließt, auf fast schon magische Weise unterstützen.

Mit Selbstliebe und -verantwortung im Gepäck können Sie Ihre volle Größe einnehmen, und das ist wunderbar.

Darüber werden sich auch Ihre Mitmenschen freuen: Denn wenn Sie sich selbst liebevoll behandeln und Ihren eigenen Wert spüren, können Sie anderen ebenso begegnen. Liebe und Beziehungen werden umso erfüllender, je besser Sie sich selbst kennen und für sich sorgen können.

SELBSTLIEBE (WIEDER) ENTDECKEN

Genauso bunt und vielfältig wie die Welt selbst ist auch jedes Leben. Es gibt niemanden, der so ist wie Sie! Und genauso, wie Sie sind, sind Sie völlig in Ordnung und liebenswert. Warum fällt es uns dann aber manchmal schwer, dies zu erkennen? Warum suchen die meisten Anerkennung im Außen, bevor sie damit anfangen, sich endlich sich selbst zuzuwenden?
Ein Blick zurück zeigt, dass wir nicht mit fehlender Selbstliebe auf die Welt gekommen sind, sondern dieses Problem im Lauf der Zeit entwickelt haben. Denken Sie an ein kleines Kind. Es verhält sich ganz natürlich, bringt einfach seine Gefühle und Impulse zum Ausdruck. Ein Baby würde von sich aus nicht auf die Idee kommen, etwas mit ihm sei nicht in Ordnung.
Natürlich ist ein kleines Kind auch abhängig von Liebe und Aufmerksamkeit und wird alles dafür tun, um diese zu bekommen. Es macht die Erfahrung, für sein Bravsein, seine guten Noten, sein niedliches Aussehen oder seine Aufmerksamkeit wertgeschätzt zu werden, und dies ist existenziell wichtig für ein Kind. Es wächst und wird älter, behält aber seine Prägung immer bei.
So gibt es unendlich viele Rollen, die wir im Aufwachsen entwickeln und die uns auch im Erwachsenenleben Anerkennung verschaffen. Der nette Mensch, der immer für die anderen da ist, der erfolgreiche Top-Manager, der ehrgeizige Leistungssportler, die kompetente Chefin – all das sind Rollen, durch die wir bewusst oder unbewusst Bestätigung und Liebe *von außen* bekommen. Bei näherer Betrachtung ist es oft noch das Kind in uns, das glaubt, diese Qualitäten wie früher von anderen zu brauchen, um emotional endlich »satt« zu werden.
Wenn wir anfangen, uns liebevoll uns selbst zuzuwenden, können wir unser inneres Kind aus dieser Illusion befreien: Wir nehmen es einfach selbst an die Hand. Dann verbinden wir uns wieder bewusst mit unserer Natürlichkeit, unseren Gefühlen und Impulsen, die wir vielleicht aus Anpassungsgründen verleugnet haben.

Selbstliebe kommt automatisch auf, wenn wir wir selbst werden.

ES IST GENUG LIEBE FÜR ALLE DA

Der Weg der Selbstliebe bietet die Möglichkeit, sich immer mehr von der Suche nach Liebe und Anerkennung im Außen zu verabschieden. Er birgt die überraschende Erkenntnis, dass Liebe, Wertschätzung und Anerkennung durchaus reichlich vorhanden sind – nur vielleicht nicht da, wo wir sie oft suchen.

Wir Menschen verhalten uns oft so, als sei Liebe ein begrenztes Gut, von dem man möglichst viel abbekommen sollte. Fast so wie ein Kuchen, von dem, kurz nachdem er auf dem Tisch steht, nichts mehr übrig ist. Wie gefällt Ihnen dagegen die Vorstellung, dass Sie genauso wie jeder andere Mensch tatsächlich in sich selbst über einen großen Vorrat an Liebe verfügen?
Wie kommt man daran, fragen Sie sich vielleicht? Was muss man dafür tun? Keine Sorge, das bedeutet nun nicht, dass Sie zum spirituellen Einsiedler werden sollen, der im Lotussitz einsam, aber glückselig auf einer Bergspitze sitzt, weil er einfach so wunderbar mit sich im Einklang ist und nichts und niemanden mehr auf der Welt dazu braucht. Ganz im Gegenteil, wahre Selbstliebe hat etwas sehr Bodenständiges, mit allem Verbundenes und Menschliches.
Es geht vielmehr darum, wieder die Natürlichkeit des kleinen Kindes in sich zu entdecken und im Unterschied zu früher auf mehreren Ebenen gleichzeitig die Erfahrung zu machen:

ICH BIN ERWACHSEN UND KANN FÜR MICH SELBST SORGEN.

Versuchen Sie es aus dieser Perspektive zu sehen:
In meiner Kindheit war alles anders und im Lauf der Zeit habe ich die Rollen entwickelt, die ich heute spiele. Jetzt aber verfüge ich über andere Möglichkeiten und möchte Neues lernen. Ich bin nicht mehr in dem Maße wie früher abhängig von der Liebe und Anerkennung von anderen Menschen wie dem Partner, Kollegen, Chefs, Kunden oder der Familie. *Ich lerne jetzt, mich selbst (wieder) zu lieben.*

MEINE SELBSTLIEBE-VISION

Verleihen Sie Ihrer Entscheidung für mehr Selbstliebe konkrete Gestalt, indem Sie eine persönliche Selbstliebe-Vision entwickeln. Sie programmieren dadurch Ihre innere Navigation, wie die Zukunft aussehen soll. Wie stellen Sie sich Ihr Leben vor, wenn Sie liebevoll mit sich umgehen? Was verändert sich alles, und woran bemerken Sie dies? Machen Sie sich ausführlich Notizen, und genießen Sie das gute Gefühl dabei!

GEFÜHLE

Wie fühlen Sie sich mit mehr Selbstliebe?

Wie macht sich die neu gefundene Liebe im Beruf und Alltag bemerkbar?

SELBSTBILD

Wie verändert sich Ihr Selbstbild (auch beim Blick in den Spiegel)?

Wie und mit welchen Menschen sind Sie in Kontakt?

DER SELBSTLIEBE-ANKER

Übung

Nachdem Sie eine klare Vision für sich entwickelt haben, soll die folgende Übung Ihnen helfen, Ihre Entscheidung für mehr Selbstliebe fest in Ihrem Unbewussten zu verankern.

»——› Überlegen Sie sich zu Beginn eine einfache Geste, die Sie jederzeit machen können (z. B. die Hand auf Ihr Herz zu legen), sowie ein Wort, das Sie persönlich mit Selbstliebe assoziieren. Diese Berührung und dieses Wort sollten Ihnen gut gefallen, sie werden nun zu Ihrem persönlichen Anker. Das ist ein ganz einfacher praktischer Trick, um sich im Alltag jederzeit an die Selbstliebe zu erinnern.

»——› Am besten nehmen Sie sich zu Hause ungestört ein Stündchen Zeit nur für sich und diese Übung:
Machen Sie es sich gemütlich. Vielleicht möchten Sie ein Bad nehmen und / oder Entspannungsmusik hören. So entsteht ein kleines Ritual daraus. Schließen Sie die Augen, und beobachten Sie eine Weile lang Ihren Atem, wie er ein- und wieder ausströmt. Wenn Sie merken, dass so langsam Ruhe in Ihnen einkehrt, beginnen Sie, Ihre Vision lebendig werden zu lassen.

»——› Stellen Sie sich vor, wie sich Ihr Leben anfühlen wird, wenn Sie sich selbst lieben, mit allem, was und wie Sie sind. Ganz gleich, mit welchem Gefühl Sie morgens aufwachen, Sie schauen bewusst und mit einem freundlichen Blick in den Badezimmerspiegel. Sie mögen sich dabei von innen heraus, auch mit kleinen Fältchen und müden Augen. Sie kennen sich, und Sie wissen, was Sie brauchen, um sich wohlzufühlen. Sie haben die Erfahrung gemacht, dass das Leben nicht immer einfach ist, aber Sie haben gelernt, gut für sich zu sorgen. So gut, dass Sie auch in schwierigen Situationen wie ein wohlwollender Freund Ja zu sich sagen können. Dankbar bemerken Sie, wie auch andere Ihnen wohlwollend begegnen und damit Ihre neue Einstellung zu sich selbst spiegeln.

Spüren Sie mit jeder Zelle, wie sich diese Vorstellung in Ihrem Körper und in Ihrem Empfinden anfühlt! Nehmen Sie ganz bewusst wahr, was Sie auf emotionaler Ebene empfinden und welche inneren Bilder Sie wahrnehmen, vielleicht auch weitere Sinneseindrücke!

»——› Jetzt ist der Moment gekommen, diesen Zustand ganz bewusst in sich abzuspeichern. Stellen Sie sich vor, Sie drücken den Auslöser einer Fotokamera. Führen Sie im gleichen Moment ganz bewusst die Geste aus und sagen sich innerlich das Wort, das Sie sich als Anker überlegt haben. So verbinden Sie in sich Geste, Wort und angenehme Gefühle.

»——› Bleiben Sie einen Moment mit Ihrer vollen Aufmerksamkeit dabei, spüren ihn mit allen Sinnen. Dann nehmen Sie ein paar tiefe Atemzüge und lenken Ihre Aufmerksamkeit langsam wieder zurück ins Hier und Jetzt.

»——› Sie haben gerade Ihren persönlichen Selbstliebe-Anker gesetzt, der Sie ab sofort jederzeit an Ihren Vorsatz erinnern kann – ähnlich wie ein Foto von einem lieben Menschen, das Sie aus der Tasche ziehen und wohlwollend betrachten können. Führen Sie dazu einfach die Geste aus, sagen Sie sich innerlich *Ihr* Wort und nehmen Sie Ihre Eindrücke dabei wahr.

Aktivieren Sie Ihren Anker am besten täglich – wenn Sie in der Straßenbahn sitzen, zwischendurch im Büro und kurz vor dem Einschlafen.

DAS EIGENE PROGRAMM ÄNDERN

Unser Unterbewusstsein mit seiner jahrzehntelangen Prägung und unseren Glaubenssätzen ist sehr machtvoll. Wenn wir nicht damit beginnen, uns bewusst zu verändern, bleibt alles, wie es ist. Doch gehen wir es an. Steter Tropfen höhlt den Stein.

Veränderung ist möglich!

Sobald Sie damit beginnen und sich die Erlaubnis geben, Sie selbst zu sein, kann das Gefühl der (Selbst-)Liebe automatisch in Ihnen wachsen. Sobald Sie Ihren Gefühlen und Bedürfnissen Raum geben – unabhängig davon, was die anderen denken –, räumen Sie praktisch mit dem auf, was noch zwischen Ihnen und Ihrer Selbstliebe steht.

Dieser Prozess geschieht in kleinen Schritten und mit täglichem Üben. Wie das geht, zeige ich Ihnen anhand der Übungen in diesem Buch. Die Regelmäßigkeit ist wichtig, schließlich soll die Veränderung ja dauerhaft sein. So bekommt Ihr System auf emotionaler und körperlicher Ebene die Gelegenheit, sich an das veränderte Programm anzupassen. Indem Sie sich selbst auf eine liebevolle Art ernst nehmen, verbinden Sie sich wieder mit sich, genau wie Sie als kleines Kind mit sich verbunden waren. Gleichzeitig kann Raum für etwas Neues entstehen, wenn die Erwartungen an andere heruntergeschraubt werden.

Vielleicht sind Sie nach einer Zeit der Praxis der Selbstliebe ganz überrascht, dass Sie Ihren »Tank« tatsächlich selbst füllen können und dadurch unabhängiger und frei werden.

So ging es auch Anne.

DIE QUELLE DER ANERKENNUNG

Anne und Dirk sind seit zwei Jahren ein Paar und eigentlich sehr glücklich – wenn sie nicht so sehr klammern würde! Anne wünscht sich ständig Beachtung und

Zuspruch von ihm, der sie sehr liebt, sich aber durch ihre Forderungen bedrängt fühlt und sich immer häufiger genötigt sieht, sich zurückzuziehen. Er fühlt sich überlastet und nicht zuständig.
Nach einer Auseinandersetzung, nach der sich Dirk fast getrennt hätte, gelingt es Anne, ihre Eigenverantwortung für ihr Leben und ihr Geliebtwerden zu entdecken. Sie erkennt plötzlich, dass sie keinen anderen Menschen damit »beauftragen« kann, ihr die Liebe zu schenken, die ihr offenbar in ihrem Leben fehlt.
»Ich war auf einmal auf mich selbst zurückgeworfen. Anfangs wusste ich nicht genau, was ich tun sollte, also begann ich zu suchen.« Sie beginnt, sich mit dem Thema Selbstliebe zu beschäftigen, liest Bücher dazu und übt täglich ein Ritual vor dem Spiegel, welches Sie auch später in diesem Buch noch kennenlernen werden. Vieles von dem, was sie früher von ihrem Partner erwartet hat, nimmt sie nun selbst in die Hand.
»Ich fühle mich, als ob ich aufgewacht wäre«, erzählt sie ein paar Monate später. »Ich habe entdeckt, dass nur ich selbst den Schalter für mehr Liebe in meinem Leben umlegen kann; etwas, was ich früher immer von Dirk erwartet habe.«
Annes Veränderung hatte nicht nur auf die Beziehung eine positive Wirkung: »Früher hatte ich immer das Gefühl, ich brauche etwas von anderen Menschen. In letzter Zeit melden mir andere zurück, wie positiv ich mich verändert habe, und sie möchten wissen, wie mir das gelungen ist.«

KRITISCHE STIMMEN IDENTIFIZIEREN

Ich vermute, dass auch Sie die eine oder andere kritische innere Stimme kennen, die so gar nicht freundlich zu Ihnen ist. In den Köpfen der meisten Menschen schwirren diese herum, scheinen fast schon ein Eigenleben zu haben.

Kommt Ihnen einer der folgenden Sätze bekannt vor?

- So was Dummes kann auch nur mir passieren.
- O mein Gott – wie ich heute aussehe!
- Ich habe schon wieder versagt.
- Alle anderen sind besser als ich.
- Wie dick/alt/träge ich geworden bin.
- Ich verdiene nichts Besseres.
- Mein Körper ist eine Katastrophe.
- Jetzt kriege ich auch noch Falten.
- Ich habe einfach keine Disziplin.
- Ich müsste … mehr leisten, abnehmen, erfolgreicher sein.
- Ich bin nicht gut genug.
- Ich bin nicht liebenswert.
- Ich werde es nie schaffen.

Schwarz auf weiß geschrieben erkennt man noch viel deutlicher, wie unfreundlich diese Sätze eigentlich sind, nicht wahr? Kritische Stimmen dieser Art haben schon fast etwas Zerstörerisches. Aber seien Sie beruhigt, diese negativen Suggestionen lassen sich mit etwas Übung verändern.
Zunächst ist es wichtig, Ihre individuelle Geschichte zu verstehen. Schauen wir uns diese doch mal etwas näher an. Ich bin fest davon überzeugt, dass Ihnen das helfen kann, der Selbstsabotage den Wind aus den Segeln zu nehmen.

DER INNERE KRITIKER

Um uns auf das Leben vorzubereiten, haben uns unsere Eltern im Laufe unserer Entwicklung ein Bild davon vermittelt, was in ihren Augen richtig und was falsch ist. Ein solcher Fahrplan, der sich aus Erfahrungswissen speist, ergibt durchaus Sinn, um im Alltag bestehen zu können. Erfolgreich gefestigt in uns haben sich

diese Vorstellungen durch Lob oder Kritik. Haben wir uns in den Augen unserer Eltern danebenbenommen, haben wir Tadel, Kritik, manchmal auch Strafe oder Missachtung geerntet.
Natürlich verinnerlichten wir die elterlichen Gebote, wollten wir doch um keinen Preis ihre Anerkennung und Liebe verlieren. Dies war die Geburtsstunde unseres inneren Kritikers. In den ersten Lebensjahren wollte dieser uns davor bewahren, »vom rechten Weg abzukommen«, indem er uns wie ein Kompass sagte: »Pass auf – dies und jenes darfst du nicht.«

Mit der Zeit haben wir jedoch je nach Häufigkeit und Intensität der elterlichen Kritik womöglich tatsächlich den Eindruck gewonnen, mit uns stimme etwas nicht. Auch wenn die erzieherische Absicht vielleicht anders war, entstand so leicht der Eindruck, nicht liebenswert zu sein, wenn wir uns eben nicht auf die erwünschte Art und Weise verhielten.

Da die kindliche Prägung so tief und intensiv wirkt, verschwindet der innere Kritiker natürlich auch nicht plötzlich im Erwachsenenalter. Während diese innere Instanz früher durchaus Sinn gemacht haben mag, kann sie später äußerst unangenehm am Selbstwert nagen und somit der Selbstliebe im Weg stehen.

Wenn Sie das nächste Mal diese kritischen Stimmen in sich wahrnehmen, halten Sie einfach einen Moment inne und reflektieren: Was sage ich da gerade zu mir? Oder Sie fragen sich: Erkenne ich vielleicht meine Mutter oder meinen Vater in dieser Aussage wieder?
Dann gönnen Sie sich einen Moment der Selbstfürsorge. Stellen Sie sich das kleine Kind in sich vor, das die Liebe der Eltern nicht verlieren wollte. Machen Sie sich klar: Ich habe damals diese Aussage verinnerlicht, weil ich wie alle Kinder geliebt werden wollte. Es war notwendig, so zu denken. Jetzt bin ich erwachsen. Ich entscheide mich für Selbstliebe.

Wenn Sie den inneren Kritiker als solchen identifizieren, bringt das oft Erleichterung mit sich. Die Identifikation mit den unfreundlichen Selbstverurteilungen lässt nach, weil Sie entdecken, dass diese Stimme nur ein Teil von Ihnen ist, neben vielen anderen positiven Anteilen, die noch entdeckt werden wollen!

BEOBACHTEN UND WAHRNEHMEN

Das Leben findet im Hier und Jetzt statt, und theoretisch weiß das jeder von uns. Allerdings bietet einem der moderne Alltag unendlich viele Ablenkungsmöglichkeiten von sich selbst, nicht wahr?

Nicht nur Smartphone, Internet und die sozialen Netzwerke ziehen unsere Aufmerksamkeit allzu oft vom gegenwärtigen Moment ab; auch unsere persönlichen Strategien, um uns besser zu fühlen, sind darin sehr erfolgreich. Damit meine ich jedes Verhalten, das wir an den Tag legen, um etwas Bestimmtes nicht zu fühlen; Seelentröster, die uns im Übermaß nicht dienlich sind, wie z. B. zu viel Schokolade, Essen allgemein oder Ablenkung jeder Art.
Keine Sorge, ich werde nicht vorschlagen, dass Sie all das von jetzt auf gleich abstellen sollen! Aber ein sehr hilfreicher Schritt auf dem Weg zur Selbstliebe ist es, bewusst wahrzunehmen, was gerade geschieht.

DER INNERE BEOBACHTER

Deshalb lernen Sie jetzt einen neuen Begleiter kennen: Ihren inneren Beobachter. Im Gegensatz zum inneren Kritiker ist er Ihnen absolut wohlgesinnt, dient Ihnen wie ein persönlicher Assistent. Diese innere Instanz begleitet Sie jederzeit und hilft Ihnen dabei, sich selbst im Alltag besser zu spüren und näherzukommen.
Sie können sich den inneren Beobachter wie eine Kamera vorstellen, die zuverlässig filmt, was gerade geschieht, ohne dies zu bewerten. Er registriert Ihre Körperempfindungen, Ihre Gefühle und Ihre Gedanken, ohne sich damit zu identifizieren. Das Gute daran ist, dass Sie sich mit seiner Hilfe jederzeit mit sich selbst verbinden und mit Ihrer Aufmerksamkeit wieder ins Hier und Jetzt kommen können.

Der innere Beobachter ist Gold wert. Allerdings kann es sein, dass Sie beginnen zu spüren, was Sie vielleicht zuvor vermieden haben, z.B. Müdigkeit oder unangenehmere Gefühle. In einem solchen Moment ist es wichtig, dass Sie einfach freundlich bei sich bleiben. Denken Sie an das Wetter – manchmal regnet es eben, das gehört zum Leben.

Wenn es Ihnen gelingt, zu beobachten ohne zu bewerten, üben Sie sich in Selbstakzeptanz, der Vorstufe der Selbstliebe.

INS HIER UND JETZT KOMMEN

Nehmen Sie sich einfach zwischendurch fünf Minuten Zeit, um innerlich in den Beobachtungsmodus zu wechseln. Stellen Sie im Sitzen die Füße fest und flächig auf den Boden und nehmen Sie sich Zeit, um den Unterschied zu vorher zu spüren. Wenn Sie möchten, schließen Sie dann für eine Weile die Augen und spüren bewusst den Rest Ihres Körpers.

- Wie fühlen sich Arme und Beine an, wie der Rücken?
- Wie nehmen Sie Kiefer und Schultern wahr?
- Spüren Sie die Rückenlehne Ihres Stuhls und den Boden unter den Füßen?
- Gibt es etwas in Ihrem Körper, das positiv auf sich aufmerksam macht? Vielleicht ein warmes Kribbeln in den Händen oder ein Gefühl von Energie in den Beinen?
- Was geschieht auf der gedanklichen und emotionalen Ebene?

Versuchen Sie, Ihr Empfinden und Ihre Gedanken, auch wenn sie in Aufruhr sein sollten, weitgehend neutral zu beobachten, ohne sich zu sehr damit zu identifizieren. So als ob Sie aus einiger Entfernung eine lebhafte Stadt betrachten würden. Sie nehmen alles wahr, was dort geschieht, aber Sie stecken nicht mittendrin im Getümmel. Das hilft Ihnen, präsent zu sein und innere Ruhe zu finden. Bleiben Sie mit einem Teil der Aufmerksamkeit dabei, während Sie langsam wieder die Augen öffnen.

Wann immer Sie merken, dass sich Ihre Wahrnehmung ausschließlich im Außen, in der Vergangenheit oder in die Zukunft verirrt, wechseln Sie für ein paar Minuten in diesen Beobachtungsmodus. Sie werden im positiven Sinne überrascht sein!

DIE »SELBSTLIEBE-FAMILIE«

Praxistipps

Um einen Überblick darüber zu gewinnen, was alles zur Selbstliebe gehört, finden Sie hier eine kleine Übersicht mit praktischen Tipps. Stellen Sie sich vor, dass alle diese Elemente Teile eines großen Ganzen sind. Je öfter Sie diese im Alltag anwenden, desto näher kommen Sie der Selbstliebe.

Selbstakzeptanz

★ Gewisse Anteile von sich selbst mögen Sie wahrscheinlich mehr als andere, das ist völlig normal. Sie müssen ja nicht alles an sich lieben – vielleicht ist es realistischer, manches erst mal einfach zu akzeptieren? Selbstakzeptanz ist praktisch die Vorstufe der Selbstliebe.
Sagen Sie innerlich »Okay« zu dem, was Sie nicht so sehr mögen, und stellen sich vor Ihrem inneren Auge wenigstens ein kleines Häkchen daneben vor, auch wenn gerade nicht mehr möglich ist. Das ist allemal besser, als sich zu verurteilen und zu hadern.

Selbstmitgefühl

★ Bestimmt haben Sie manchmal Mitgefühl für andere Menschen in Not, nicht wahr? Das Gleiche haben auch Sie selbst verdient. Die amerikanische Psychologin Kristin Neff fand heraus, dass Sie diese Empathie für sich selbst durch die folgenden drei Schritte nach und nach entwickeln können. Probieren Sie es aus, wenn Sie sich das nächste Mal nach Mitgefühl sehnen:

Nehmen Sie mithilfe des inneren Beobachters wahr, was ist

Machen Sie sich bewusst, dass jeder Mensch manchmal leidet und dass genau das etwas ist, was uns Menschen alle miteinander verbindet

Seien Sie freundlich zu sich selbst

Selbstfreundlichkeit

★ In dem Wort Freundlichkeit steckt das Wort Freund. Selbstliebe möchte Ihnen helfen, sich genauso wertschätzend zu behandeln wie einen Freund im Außen. Das gilt besonders in den Momenten, in denen Sie wütend auf sich sind. Wenn Sie das Ganze mit Humor verbinden möchten, stellen Sie sich einfach vor, dass Sie Ihrem inneren Kritiker in dem Moment augenzwinkernd den Mund zuhalten. Das lockert die Situation auf.

Selbstfürsorge

★ Umsorgt zu werden fühlt sich wunderbar an. Mit dem gleichen Bewusstsein, mit welchem eine Mutter ihr Kind umsorgt, können Sie sich selbst begegnen. Kochen Sie sich Ihr Lieblingsessen, sorgen Sie für Ihr körperliches Wohlbefinden, seien Sie genauso sanft zu sich wie zu einem Kind. Ihr Inneres wird aufblühen unter dieser Behandlung!

Selbstwert

★ Dieser ist ganz eng verknüpft mit der Selbstliebe und steigt in dem Maße, in dem wir uns lieben und wertschätzen lernen. Erinnern Sie sich an den Werbeslogan »Weil ich es mir wert bin«? Er bietet eine wunderbare Möglichkeit, um das Selbstwertgefühl zu stärken. Sie können sich selbst unterstützen, indem Sie innerlich diese oder eine ähnliche Formulierung bei verschiedensten Gelegenheiten anwenden. »Bin ich es mir wert, heute pünktlich in den Feierabend zu gehen?« oder »Weil ich es mir wert bin, erfülle ich mir jetzt diesen Wunsch«. Natürlich wird das Selbstwertgefühl auch ein Stück weit von äußerer Anerkennung beeinflusst. Auf dem Weg der Selbstliebe werden Sie aber entdecken, dass der Wert, den Sie sich selbst schenken, auch den Wert beeinflusst, den andere in Ihnen sehen.

Selbstermächtigung

★ In diesem Begriff steckt das Wort Macht – im positiven Sinne. Indem Sie sich selbst ermächtigen, geben Sie sich die Erlaubnis, Sie selbst zu sein, und das Recht, Ihren Bedürfnissen entsprechend zu handeln. Beginnen Sie mit Kleinigkeiten, indem Sie immer häufiger aussprechen und tun, was Sie denken und fühlen. Machen Sie sich für Ihre eigene Wahrheit stark! Dadurch wächst Ihre innere Sicherheit und dann werden Sie sich mit der Zeit auch in wichtigeren Angelegenheiten selbst ermächtigen, etwa in Gehaltsverhandlungen. Vorbei die Zeiten des Kleinmachens. Stellen Sie Ihr Licht nicht länger unter den Scheffel!

AUF DEM WEG ZUR SELBSTLIEBE

1

Selbstliebe können Sie lernen

Ganz gleich, welche Geschichte Sie mitbringen oder wo Sie gerade im Leben stehen, jeder Mensch kann lernen, sich selbst liebevoll und wertschätzend zu behandeln. Fangen Sie gleich heute damit an – es lohnt sich!

2

Übernehmen Sie freundschaftliche Eigenverantwortung

Die Entscheidung zur Selbstliebe bedeutet, dass Sie Ihr Wohlbefinden selbst in die Hand nehmen und unnötige Erwartungen an andere zurückziehen. Das bringt neue Leichtigkeit, und das Leben wird Sie unterstützen!

3

Es ist genug Liebe für alle da

Es ist ein weitverbreiteter Irrtum, dass es im Leben darum ginge, Liebe von außen zu bekommen. Auf dem Weg zur Selbstliebe werden Sie entdecken, dass jederzeit und überall genug davon vorhanden ist – in Ihnen und um Sie herum.

4

Ändern Sie die Programmierung

Selbstliebe ist viel mehr als eine Idee, eher eine lebenslange und sehr wirksame Einstellung. Damit sie auf jeder Ebene eine positive Veränderung bewirken kann, üben Sie sich *täglich* darin. Sie werden sehen – das fühlt sich neu und gleichzeitig sehr angenehm an. Übung macht den Meister: So können sich nach und nach auf emotionaler, bewusster und körperlicher Ebene alte Programme verändern.

5

Entlarven Sie Ihren inneren Kritiker

Kritische und selbstverurteilende Stimmen kennen die meisten Menschen. Der innere Kritiker entstand in unserer Kindheit und wollte uns damals vor Fehlern bewahren. Heute ist er uns oft weniger dienlich. Beobachten Sie ihn einfach im Bewusstsein, dass er nur ein Teil von Ihnen ist. Dadurch verliert er an Einfluss.

6

Beobachten und Fühlen bringt Sie ins Hier und Jetzt

Um sich selbst näherzukommen, ist es ganz wichtig, sich im Moment wahrzunehmen. Der Schlüssel dazu ist der eigene Körper. Setzen Sie sich aufrecht hin, stellen Ihre Füße fest auf den Boden und schließen für ein paar Minuten die Augen. Spüren Sie Ihren Körper, nehmen Ihre Gedanken und Gefühle wahr. Neutrales Beobachten ist dabei viel hilfreicher als Bewerten.

Zweites Kapitel

Ja sagen zu sich selbst: Eine neue Art von Kontakt

In diesem Kapitel erfahren Sie

Warum ein freundlicher Umgang mit Gefühlen Ihre Selbstliebe fördert

Wie Sie mit Bedürfnissen, Grenzen und Raum umgehen

Wie Sie authentisch Ja und Nein sagen können

Was Sie dank Wertschätzung gewinnen

LICHT UND SCHATTEN

Sich selbst zu mögen, wenn innen und außen die Sonne scheint, ist relativ einfach. Freude, Erfolg und eine positive Ausstrahlung sind angenehm, und weil sie auch bei anderen gut ankommen, glauben wir, dass sie uns liebenswert machen. Also lieben wir uns selbst auch eher, wenn wir gut gelaunt sind und unser Leben erfolgreich meistern. Wenn Wolken am persönlichen Gefühlshimmel aufziehen, wird es dagegen schwieriger – aber auch interessanter.

Wie gehen Sie mit sich um, wenn Sie sich traurig oder wütend fühlen? Wie kann es Ihnen gelingen, Ihre Schattenseiten anzunehmen und sich dabei freundlich zu begegnen? Genau hier liegt der Schlüssel zu wahrer Selbstliebe verborgen.

JA ZU SICH SAGEN

Gute und schlechte Zeiten gehören zum Leben, genauso wie Sonne und Regen zum Wetter. Ebenso verhält es sich mit angenehmen und unangenehmen Gefühlen, die jeder von uns kennt, mit Stärken und Schwächen, mit allen hellen und dunklen Seiten unserer Persönlichkeit. Das ganze Leben besteht aus Polaritäten, und jeder Gegensatz hat seine Bedeutung. Was wäre der Tag ohne die Nacht? Wie sähe die Welt aus, wenn es keine unterschiedlichen Geschlechter gäbe? Oder: Wäre intensive Freude möglich, wenn nicht manchmal auch das Gegenteil zum Leben gehört?

Gegensätze machen das Leben erst richtig lebendig.

Wir Menschen haben die Eigenart, vieles zu bewerten und in »gut« und »schlecht« aufzuteilen. Das mag manchmal hilfreich sein, aber auf unsere Selbstliebe bezogen stehen wir uns dadurch oft im Weg. Das dahinterliegende Gesetz ist ganz einfach:

Je stärker wir etwas an uns verneinen und bekämpfen, desto mehr Widerstand bauen wir auf und blockieren uns dadurch. Je mehr wir etwas loswerden wollen, desto eher wird es bei uns bleiben.

Deswegen ist freundliche Annahme der beste Weg, um Harmonie in sich selbst zu finden. Manches können wir einfach nicht ändern, aber wir können uns darin üben, es zu akzeptieren. Dadurch kommen wir der Selbstliebe schon ein Stückchen näher.

Das klingt leichter gesagt als getan? Ich weiß, was Sie meinen. Aber glauben Sie mir, es sind die kleinen Schritte, die uns zum Ziel bringen. Nicht selten verbirgt sich dort ein Schatz, den wir erst entdecken können, wenn wir uns mit dem ungeliebten Aspekt beschäftigen.

Sind Sie bereit für ein kleines Experiment? Es geht darum, wie sich Ja und Nein in Ihnen anfühlen. Legen Sie kurz das Buch zur Seite, halten einen Moment inne und schließen die Augen. Sagen Sie sich innerlich sanft Ja und beobachten, was in Ihnen geschieht. Wie reagieren Sie körperlich und emotional? Vielleicht spüren Sie ein Gefühl von Weichheit oder Weite oder etwas anderes.
Dann wiederholen Sie das Gleiche mit Nein. Was empfinden Sie jetzt? Achten Sie in nächster Zeit mal neugierig darauf, wie Sie körperlich auf Ja- und Nein-Entscheidungen reagieren, und nehmen Sie sich besonders viel Zeit dafür, herauszufinden, wie sich das Ja zu Ihnen selbst anfühlt.

RESSOURCEN PFLEGEN

Mit einer gewissen Sicherheit im Rücken fällt es natürlich viel leichter, sich anzunehmen und Ja zu sich zu sagen. Ein Bewusstsein über all Ihre Ressourcen – also Ihre persönlichen Stärken, liebe Menschen, Tätigkeiten, die Sie mit Freude erfüllen – ist wie ein voller Tank, der Ihnen die notwendige Energie für Ihr Leben schenkt.
Das gilt besonders dann, wenn es mal »hakt« oder wenn es Zeit ist, sich selbst liebevoll anzunehmen.

Auf dem Weg zur Selbstliebe geht es darum, Ihr Herz zu öffnen – für Sie selbst und all die Geschenke, die das Leben täglich bereithält. Wenn Sie Ihren Fokus darauf ausrichten, was Ihnen alles guttut und was Sie in Ihrem Leben mit Dankbarkeit erfüllt, erreichen Sie gleich mehrere positive Effekte:

- Sie stärken Ihre Basis und werden sich Ihres inneren sowie äußeren Rückhalts bewusst
- Sie »rutschen« vom Kopf ins Herz, dem Ort Ihres Mitgefühls
- Sie erhalten die notwendige Energie, um das zu heilen, was Ihrer Selbstliebe (noch) im Weg steht
- Ihr Bewusstsein konzentriert sich auf die Qualität von Fülle statt auf Mangel
- Ihre Stimmung verbessert sich
- Dankbarkeit stärkt sogar das Immunsystem und wirkt positiv auf das Herz-Kreislauf-System

Ressourcen sind emotionale Tankstellen. In dem Begriff Ressource steckt das Wort »source«, zu Deutsch Quelle. Stellen Sie sich darunter ganz einfach vor, dass all das, was Ihnen Energie schenken kann, eine notwendige Tankstelle für Ihre Gesundheit und Ihr Wohlbefinden darstellt: Ihre Familie, die Natur, der Sport, Ihr geliebtes Hobby, Ihre Kreativität ... und natürlich leckeres Essen.
Ein Auto muss je nach Beanspruchung auch öfter auftanken, sonst bleibt es irgendwann liegen. Sorgen Sie dafür, dass Ihr »Ressourcentank« immer im grünen Bereich liegt, und achten Sie gut auf sich!

DANKBARKEIT ENTDECKEN

Das geschriebene Wort besitzt eine erstaunliche Wirkung – notieren Sie nachfolgend alles, was Ihnen in Ihrem Leben Kraft und Freude gibt und wofür Sie Dankbarkeit empfinden. Schließen Sie jeden Lebensbereich ein, und vergessen Sie auch Kleinigkeiten nicht!

KRAFTQUELLEN

Was ist Ihre »Hauptenergiequelle«? Woher fließt Ihnen Kraft zu?

RESSOURCEN

Listen Sie hier alles auf, was Ihnen guttut (z. B. Hobbys, Freunde, Natur, Kunst).

RÜCKENSTÄRKUNG

Für welche Menschen in Ihrem Leben sind Sie dankbar? Auf wen können Sie zählen?

GEFÜHLE WILLKOMMEN HEISSEN

Was wäre das Leben ohne die Vielzahl an Gefühlen, die wir empfinden können? Ganz gleich, ob Sie eher Kopf- oder Herzmensch sind, emotional oder eher ruhig veranlagt, Gefühle sind die Würze des Lebens. Sie können wunderbare Lebendigkeit bescheren – aber manchmal auch das Gegenteil, je nachdem, wie wir mit ihnen umgehen.

Jedes angenehme Gefühl hat einen Gegensatz, den wir oft als negatives Gefühl bewerten und ablehnen. Traurigkeit ist der Gegenpol zur Freude, Angst steht der Qualität von Vertrauen gegenüber, und Wut bildet den Gegensatz zur Liebe. Ist Ihnen schon einmal aufgefallen, dass sich die »schönen« Gefühle erst durch ihren Gegenspieler besonders gut anfühlen? Bestimmt haben Sie auch schon einmal erlebt, wie wunderbar die Versöhnung nach einem Streit ist oder wie sich Erleichterung breitmacht, sobald Sie eine gute Nachricht erhalten, auf die Sie ängstlich und angespannt gewartet haben. Nach einem langen, kalten Winter ist der Frühling besonders schön!

Viele Menschen entdecken nach einer persönlichen Krise eine ganz neue Qualität von Lebensfreude und Dankbarkeit – Hochgefühle, die sie ohne ihr persönliches Tal wohl nicht erleben würden.

ALLE GEFÜHLE HABEN IHRE BERECHTIGUNG

Ich möchte Ihnen Mut zusprechen, sich wirklich aller Ihrer Gefühle anzunehmen, der Freude genauso wie der Traurigkeit. Ähnlich wie die Jahreszeiten und das Wetter hat auch jede Emotion ihre Berechtigung und ihre Botschaft. Nicht selten verbirgt sich hinter einem Gefühl ein Bedürfnis, das wahrgenommen werden möchte.

Das Ja zu meinen Emotionen war in meinem eigenen Leben der wichtigste Schritt auf dem Weg zu größerer Selbstliebe. Interessanterweise war es gerade der Regen, den ich brauchte, obwohl ich doch Sonnenschein bestellt hatte.

Zugegeben, es ist manchmal nicht leicht, seine Gefühle zu bejahen. Aber wenn es Ihnen ein kleines bisschen gelingt, auch ein unerwünschtes Gefühl willkommen zu heißen und mit ihm in Kontakt zu treten, kommen Sie sich selbst und damit auch Ihrer Selbstliebe ein Stückchen näher.
Auf körperlicher Ebene bedeutet das zu spüren, wo sich etwas angespannt oder blockiert anfühlt, und dieser Stelle Raum zu geben, vielleicht sogar den Atem dorthin zu lenken. Dann passiert oft etwas Erstaunliches, nicht selten sogar das Gegenteil von dem, was Sie vielleicht befürchtet haben: Das Gefühl kann einen Ausdruck finden, ein Ventil. Vielleicht müssen Sie weinen oder werden wütend, aber in jedem Fall kann sich Ihr Körper dadurch entladen und entspannen.
Gefühle zu vermeiden lässt sie meist viel schlimmer erscheinen, als sie in Wahrheit sind. Emotionen in gesundem Ausmaß zu spüren, verbindet uns mit unserem Herzen und wir fühlen uns ganzer und lebendiger.

Wenn Sie sich erlauben, Ihre Gefühle bewusst zu spüren und auszudrücken, können sich Blockaden lösen. Das macht es leichter, sich selbst zu lieben. Auch umgekehrt gilt dieser Zusammenhang: Wenn Sie sich selbst lieben, sind Sie es sich wert, Ihre Gefühle zum Ausdruck zu bringen. Sie kommen körperlich und emotional in Fluss – die Basis für eine positive Veränderung. Das sieht man auch am folgenden Beispiel einer Klientin, die ihre Wut entdeckte.

Katharina ist Anfang 40 und eine sehr kreative und sympathische »Weltverbesserin«. Sie äußerte den Wunsch, ihr Liebesleben zu beleuchten, da sie sich nach einer großen Enttäuschung von ganzem Herzen eine glückliche Beziehung wünschte. Recht schnell zeigten sich alte Gefühle wie Schmerz und Traurigkeit, die auch in der Beziehung immer wieder berührt worden waren. Zuerst wollte Katharina vermeiden, sich damit auseinanderzusetzen, doch spürte sie bald, dass sie dieses Erleben sich selbst näherbrachte. Einige Zeit später erzählte sie mir, dass plötzlich sehr viel Wut in ihr aufgestiegen sei, die sie zum einen in körperliche Bewegung und zum anderen in eine klare Bilanz ihrer Kontakte umgesetzt habe. Ihr Leben sei nun dabei, sich neu zu sortieren, und sie spüre immer deutlicher, wer ihr wirklich guttue.
Indem sie sich getraut hatte, sich schrittchenweise auch mit ihren weniger angenehmen Gefühlen auseinanderzusetzen, hatte sie neue Klarheit und Selbstbewusstsein gewonnen.

Wir denken
zu viel
und FÜHLEN
zu wenig.

Charlie Chaplin

EINE SCHATZKARTE DER GEFÜHLE

In allen unseren Gefühlen verbergen sich ungeahnte Schätze, die uns auf dem Weg zur Selbstliebe voranbringen möchten. Diese können wir aber nur entdecken, wenn wir uns jeder auf seine Art und in seinem Tempo dem Fühlen öffnen.

Neben Freude und Leichtigkeit sind auch Emotionen wie Angst, Traurigkeit und Wut wichtige Wegweiser zu uns selbst. Wenn wir sie bejahend fühlen, können sie sich wandeln und uns die Energie schenken, die zuvor in ihnen gebunden war. Hier sind ein paar mögliche Botschaften, die sich hinter den Grundemotionen verbergen können:

Wut

★ Ein starkes Gefühl, das Ihnen helfen kann, emotional in Ihre Kraft zu kommen. Wut wird oft vermieden, da sie unbewusst ausgelebt Schaden anrichten kann. Wenn Sie sich aber erlauben, bewusst Ihre Wut und deren Berechtigung zu spüren, besitzen Sie in ihr einen kraftvollen Motor, der Ihr inneres Gleichgewicht wieder herzustellen vermag. Das gilt besonders für Menschen, die gern selbstlos und lieb sein wollen und sich oft zurücknehmen. Viele machen dann die überraschende Entdeckung, dass sich durch einen angemessenen Ausdruck ihrer lange unterdrückten Wut im Bauch die Beziehung zu sich selbst deutlich verbessert und endlich ein Gefühl von Selbstliebe entstehen kann.

Liebe

★ Dieses höchste der Gefühle zeigt uns immer an, wenn wir auf dem richtigen Weg sind. Liebe schafft Offenheit und Verbindung, zu uns selbst genauso wie zu anderen. Auch wenn wir sie nicht immer spüren, so ist sie immer da; genauso wie die Sonne bisweilen hinter Wolken verborgen ist und wir sie nicht sehen. Manchmal hilft ein Gewitter, den Himmel zu klären; beziehungsweise hilft die Wut, die Liebe wieder zu spüren. Jeder Mensch besitzt einen persönlichen Kompass, der ihn zur (Selbst-)Liebe führen möchte – sein Herz! Ein offenes und fühlendes Herz ist die beste Voraussetzung für ein glückliches und erfülltes Leben, geprägt von Mitgefühl für andere genauso wie für sich selbst.

Traurigkeit

★ Trauer wird oft vermieden, weil sie mit Schwere in Verbindung gebracht wird. Aber vielleicht haben Sie auch schon einmal gespürt, wie viel Erleichterung Weinen bringen kann? Ich vergleiche Tränen gerne mit Regen. Dieser hat etwas Reinigendes, Klärendes. Gelebte Traurigkeit kann Sie darin unterstützen, Ihren Schmerz zu heilen und dadurch zu neuer Selbstliebe und -fürsorge zu finden. Verschließen Sie Ihr Herz nicht zum Schutz, sondern öffnen Sie es, indem Sie Ihrem Gefühl Raum geben.

Freude

★ Freude fühlt sich wunderbar leicht an. Sie ist wie der Treibstoff, mit dem wir fröhlich durchs Leben fahren können und der uns selbst, unserem Beruf und unseren Beziehungen Leichtigkeit verleiht. Freude entsteht durch Wohlfühlen im Moment. Alles andere ist in diesem Augenblick unwichtig, denn in freudigen Situationen sind wir ganz im Hier und Jetzt. Wenn Ihnen derzeit die Freude im Leben fehlt, kann es hilfreich sein, sich mit der Traurigkeit zu beschäftigen. Nur wenn auch diese bejaht wird, kann wieder Platz für Freude entstehen!

Angst

★ Es ist wichtig zu verstehen, dass uns unser System durch Angst und Alarmbereitschaft eigentlich schützen und unser Überleben sichern möchte. Weil wir in unserer modernen Zeit den Bezug zu ganz natürlichen biologischen Reaktionen von Kampf, Flucht und Erstarrung verloren haben, fällt es uns schwer, Verständnis für unsere Ängste zu haben. Dabei gibt es stets einen (manchmal versteckten) Grund für die Angst und einen Nutzen, den es zu entdecken gilt. Im Sinne der Selbstliebe ist es hilfreich, sich das kleine Kind in uns vorzustellen. Wenn ein Kind Angst hat, trösten wir es selbstverständlich – warum nicht auch das eigene innere Kind?

Vertrauen

★ Vertrauen fühlt sich im Gegensatz zur Angst angenehm und sicher an. Kontrolle wird unwichtig, sodass wir loslassen und entspannen können und festen Boden unter den Füßen spüren. Vertrauen schenkt Halt und Geborgenheit. In Bezug auf die Selbstliebe ist besonders das Vertrauen in die eigenen Fähigkeiten wichtig. Machen Sie sich bewusst, was Sie in Ihrem Leben schon alles auf die Beine gestellt haben!

EIGENE BEDÜRFNISSE SPÜREN UND LEBEN

Selbstliebe bedeutet, sich seiner Bedürfnisse bewusst zu sein und gut für sich zu sorgen. Hier möchte ich Sie dazu einladen, ganz genau hinzuschauen. Denn heutzutage, wo vieles immer so schnell gehen muss, nehmen wir uns oft nicht die Zeit zu fühlen, was wir wirklich brauchen.

Als Sporttherapeutin habe ich früher viele Jahre lang Patienten mit Bandscheibenproblemen begleitet, die ihr schmerzender Rücken vorübergehend »aus dem Verkehr gezogen« hat. In den meisten Fällen zeigte sich, dass diese Menschen überlastet und nicht glücklich in ihren beruflichen und privaten Umständen waren. Sie sahen aber keine Möglichkeit, diese zu ändern und damit für ihr Wohlbefinden einzustehen. Der Körper übernahm dann die Führung und brachte das Bedürfnis nach Entlastung zum Ausdruck. Erkannten die Betroffenen dies, ging es ihnen im Anschluss meist deutlich besser.

Manchmal werden eigene Bedürfnisse auch gar nicht wahrgenommen, weil nie Raum für sie da war. Sie liegen unter einer Schicht von abgelehnten Gefühlen verborgen, die zu fühlen heilsam wäre, weil so das eigentliche Bedürfnis ans Licht kommen kann. So kann sich hinter Wut das Bedürfnis nach gesunden Grenzen verbergen oder hinter Schmerz der Wunsch nach Nähe und Halt. Mit wachsender Selbstliebe werden Sie Ihre Gefühle klarer spüren und Ihre Bedürfnisse im Spiegel Ihrer Mitmenschen immer besser erkennen können.

WAS BRAUCHE ICH?

Eigene Wünsche werden im Alltag oft übergangen, um es anderen recht zu machen: dem Partner, dem Chef, der Familie. Das ist ehrenwert, aber wenn Sie gleichzeitig Ihre innere Stimme überhören, nehmen Sie sich selbst nicht wichtig genug! Es hat etwas mit Selbstwert zu tun zu prüfen, was wirklich stimmig ist und was nicht, und dies zum Ausdruck zu bringen. Seien Sie es sich deshalb ab heute wert, nach innen zu lauschen und für Ihre Bedürfnisse einzustehen: beruflich und privat, hinsichtlich Aktivität und Ruhe, körperlich und seelisch.

WAS GENAU BRAUCHE ICH?

Notieren Sie alles, was Ihnen in den Sinn kommt, und seien Sie ehrlich zu sich – besonders was Aspekte betrifft, die bislang vielleicht zu kurz gekommen sind. Achten Sie auch genau darauf, in welchem Umfang Sie ein Bedürfnis erfüllt sehen möchten.

KÖRPER

Für körperliches Wohlfühlen brauche ich:

______

______

______

FREIZEIT

Um mich hier wohlzufühlen, brauche ich:

______

______

______

BERUF

Um mich hier wohlzufühlen, brauche ich:

______

______

______

BEZIEHUNGEN

Ich brauche zwischenmenschlich:

______

______

______

GRENZEN SETZEN

Selbstliebe bedeutet auch, seine persönlichen Grenzen zu kennen und diese sanft, aber bestimmt zu vertreten. Denn dann haben Sie genug Raum, fühlen sich wohl und sicher. Wenn Grenzen übertreten werden, bringt das dagegen Unwohlsein, oft sogar Gefahr.

Denken wir nur an Streitigkeiten und Kriege: In vielen Fällen geht es dabei um Grenzkonflikte und die Behauptung der eigenen Position. Auch im Tierreich werden Grenzen selbstverständlich verteidigt.

Gesunde Grenzen sind ein Grundbedürfnis, und dafür einzustehen ist ganz natürlich.

Warum fällt es dann vielen Menschen so schwer, sich abzugrenzen? Oder die Grenzen der anderen wahrzunehmen?
Nun, weil jeder natürlich seine persönlichen »Grenzerfahrungen« mit sich bringt und oft im späteren Leben ähnliche Erfahrungen anzieht. Wenn z. B. die Grenzen eines Menschen im Lauf seines Entwicklungsprozesses immer wieder übergangen wurden, hat dieser in seiner Eigenwahrnehmung nie die Berechtigung erwerben können, Nein zu sagen.
Aber genauso, wie wir Selbstliebe lernen können, sind wir auch in der Lage, uns einen bewussten Umgang mit Grenzen anzueignen, z. B. durch eine verbesserte Selbstwahrnehmung und ein authentisches Ja und Nein. Dafür ist es wichtig, sich Folgendes bewusst zu machen:

Wenn wir anderen zuliebe dauerhaft über unsere eigenen Grenzen gehen, setzen wir das Bedürfnis des anderen über unser eigenes und schaden uns dadurch selbst.

JA UND NEIN SAGEN

Die bekannte Familientherapeutin Virginia Satir brachte diesen Zusammenhang mit dem Bild eines Medaillons zum Ausdruck, das Sie sich in Gedanken um den Hals hängen können. Auf einer Seite steht in wunderschönen Buchstaben:

»Ja. Danke, dass du mich beachtet hast. Was du von mir möchtest, passt im Moment genau, und deshalb ist dies meine Antwort.«

Auf der anderen Seite steht:

»Nein. Danke, dass du mich beachtet hast, aber um was du mich bittest, passt im Moment überhaupt nicht, und deshalb ist dies meine Antwort.«

Sie können das Medaillon gedanklich Ihrer inneren Wahrheit entsprechend so drehen, wie es für Sie stimmt, und dadurch authentisch Ihr Empfinden zum Ausdruck bringen. Wenn Sie Ihrem Gegenüber ein ehrliches Nein geben, stehen Sie damit für sich selbst ein – das Ja auf dem Medaillon zeigt gleichzeitig in Ihre Richtung.

GESUNDE GRENZEN

★ Zwischenmenschlich: Wenn sich Ihnen gegenüber jemand zu neugierig, aufdringlich oder einmischend verhält, zögern Sie im Sinne Ihrer Selbstliebe nicht, sich abzugrenzen.

★ Körperlicher Kontakt: Wer darf Ihnen im Sinne Ihres Wohlbefindens wie nah kommen? Von wem würden Sie sich z. B. umarmen lassen, bei wem möchten Sie lieber bei einem förmlichen Händeschütteln bleiben?

★ Die persönliche Belastungsgrenze: Trauen Sie sich zu sagen, wenn Ihnen etwas zu viel wird? Erinnern Sie sich in der nächsten Situation an Ihre Selbstliebe, und sorgen Sie gut für sich.

★ Räumliche Grenzen: Sie sind wichtig und richtig. Manchmal möchte man einfach die Tür zumachen, um seine Ruhe zu haben. Auch der Gartenzaun zum Nachbarn hat seine Berechtigung.

SICH RAUM NEHMEN

Genauso, wie Sie das Recht haben, Ihre persönlichen Grenzen zu setzen, dürfen Sie sich auch den Raum nehmen, den Sie brauchen. Selbstliebe kann sich entfalten, wenn Sie genug Platz in Ihrem Leben haben, um sich wohlzufühlen und auszudrücken.

Stellen Sie sich vor, Sie sitzen im Flugzeug: Statt dicht gedrängt auf engem Raum eingepfercht zu sein, ist es bestimmt angenehmer, sich in der Business-Class aufzuhalten, in der man sich auch mal lang machen kann.
Die Notwendigkeit des eigenen Raums bezieht sich wieder auf alle Ebenen: Körperlich, emotional und hinsichtlich seiner eigenen Bedürfnisse sowie seiner Kreativität braucht jeder Mensch Raum, um sich zu entfalten. Natürlich hat der persönliche Raum auch Grenzen, nämlich dort, wo der eines anderen beginnt. Viele Menschen sind es aber gar nicht gewohnt, so ein Gebiet für sich selbst einzufordern. Wenn Sie eher ein wenig schüchtern oder bescheiden veranlagt sind, fragen Sie sich jetzt vielleicht, ob Ihnen das wirklich zusteht?

Aber ganz bestimmt! Erinnern wir uns an den Slogan aus dem ersten Kapitel: Seien Sie es sich wert, sich auf gesunde, angemessene Weise Ihren Raum zu nehmen. Wenn Sie mit Feingefühl Ihr eigenes Bedürfnis nach Raum und Grenzen zum Ausdruck bringen, werden Sie es auch bei anderen wahrnehmen und spüren, wenn es für Ihr Gegenüber nicht stimmig sein sollte.

Gönnen Sie sich im Sinne der Selbstliebe Ihre persönliche Business-Class: Finden Sie heraus, wie viel Raum Sie körperlich und emotional brauchen.

Dazu passt gut die Geschichte von Angelika. Sie war Ende 50, als sie an einem meiner Entspannungskurse teilnahm. Seit Jahren pflegte sie ihren kranken Ehemann und wollte nun mal etwas für sich selbst tun – etwas, was sie in ihrem Leben kaum kannte. Neben der privaten Situation, die sie oft an die Grenzen der Belastbarkeit brachte und ihr nicht viel Raum für eigene Bedürfnisse gab, fühlte sie sich

auch beruflich in ihrer Abteilung unwohl und richtig eingeengt.
Allein im Kurs darüber zu sprechen schenkte ihr nach eigenem Bekunden Erleichterung, und als sie kurz darauf in eine andere Abteilung wechselte, konnte sie körperlich und seelisch immens aufatmen. Endlich hatte sie den Raum gewonnen, den sie für ihre innere und äußere Balance brauchte, und konnte damit wichtige Schritte in Richtung Selbstfürsorge machen.

DER PERSÖNLICHE RAUM HAT VIELE GESICHTER

Im wahrsten Sinne des Wortes

★ Ein eigenes Zimmer, in dem sie sich ausbreiten können, macht bereits die meisten Kinder froh. Auch uns Erwachsenen tut es gut, ein Plätzchen zu haben, das nur uns selbst gehört. Haben Sie einen solchen Ort für sich?

Im Gespräch

★ Ein guter Zuhörer schenkt Ihnen durch seine Aufmerksamkeit Raum, sich auszudrücken. Umgekehrt natürlich auch! Wer gibt Ihnen in Ihrem Leben diesen Raum?

In Beziehung

★ Das Bedürfnis nach Raum ist natürlich unterschiedlich. Der eine braucht mehr, der andere weniger (Frei-)Raum. Sprechen Sie aus, was Sie brauchen, um sich wohlzufühlen. Die Beziehung zu Ihnen selbst und zu Ihrem Partner gestaltet sich umso besser, wenn dieses Bedürfnis erfüllt ist.

Im Beruf

★ Hier verbringen die meisten von uns einen Großteil ihrer Zeit. Ein eigener Schreibtisch, ein eigenes Büro und das Gefühl von Handlungs- und Entscheidungsraum steigern im Allgemeinen das Wohlbefinden und die Produktivität. Geben Ihnen Ihre Arbeitsbedingungen die Möglichkeit, sich auszudrücken?

Viele Menschen sind sehr gut darin, anderen Raum zu schenken, etwa durch Zuhören, Toleranz und Verständnis. Raum zu nehmen ist dagegen für den klassischen »Geber-Typ« oft weniger selbstverständlich. Wenn wir hinsichtlich der Selbstliebe an die Ausgewogenheit von »Geben und Nehmen« denken, möchte ich Sie ermuntern, sich darin zu üben, das Gute anzunehmen.

SELBSTLIEBE IN DIE TAT UMGESETZT

Praxistipps

Folgende Tipps können Ihnen helfen, täglich auf die eine oder andere Art freundlich zu sich zu sein und sich selbst und Ihren Bedürfnissen bewusst mit Wertschätzung zu begegnen.

Willkommen

★ Um sich zwischendurch im Alltag an das Ja zu sich selbst zu erinnern, ist es hilfreich, sich immer mal wieder für einen Moment lang die Hand aufs Herz zu legen: fühlen, präsent sein, wohlwollend den Körper spüren. Und dann: tief einatmen und dabei innerlich »willkommen« sagen zu allem, was gerade da sein mag.

Alltags-Reminder

★ Kleine Erinnerungen helfen Ihnen im Alltag, freundlich zu sich zu sein und den Vorsatz größerer Selbstliebe stets vor Augen zu haben. Dazu eignen sich ganz praktische Hinweise, mit denen Sie mehrmals täglich in Kontakt kommen. Wie wäre es z. B. mit einem Smiley, den Sie sich auf den Badezimmerspiegel zu Hause kleben oder an den Computermonitor im Büro? Gut geeignet ist auch ein kleiner Talisman in der Hosen- oder Handtasche, etwa ein herzförmiger Edelstein.

Gefühle als Freunde erkennen

★ Anstatt gegen Ihre Gefühle zu kämpfen, machen Sie sie zu Ihren Verbündeten. Denn dadurch gewinnen Sie neue Energie und brauchen sich nicht mehr anzustrengen, um etwas zu verdrängen. Sagen Sie etwa: »Hallo, Wut, gut, dass du da bist und mir die Kraft für Veränderung schenkst« oder: »Willkommen, Traurigkeit, danke, dass du mir hilfst, mein Herz zu klären«.

Affirmationen

★ Finden Sie drei positive Sätze, die für Sie Selbstliebe, -vertrauen und -wertschätzung auf den Punkt bringen. Wichtig ist, dass sie einfach und in der Gegenwart formuliert sind und sich für Sie persönlich stimmig anfühlen. Sagen Sie sich ein paar Mal am Tag Ihre persönlichen Formeln, vor allem nach dem Aufwachen und vor dem Schlafengehen. Sie können sie auch aufschreiben, visualisieren oder auf irgendeine Art kreativ zum Ausdruck bringen.

Grenzen visualisieren

★ Wenn Sie das Bedürfnis haben, sich von jemandem abzugrenzen, der Ihnen nicht guttut, versuchen Sie mal Folgendes: Überlegen Sie sich, welche Art von Grenze Sie am liebsten setzen würden – vielleicht eine getönte Glasscheibe, eine Backsteinmauer oder auch einen Zaun. Aktivieren Sie beim nächsten Mal in Anwesenheit der Person Ihren imaginären Schutz. Sie werden verblüfft sein, wie gut das funktioniert!

Karteikarten

★ Schreiben Sie sich freundliche und positive Botschaften auf kleine Karteikarten und ziehen jeden Morgen eine als Tagesmotto. Diese Botschaften sollen das unterstreichen, was Sie an sich mögen, dürfen Sie aber durchaus auch zum Lachen bringen. Hier einige Anregungen:

» Heute ist VIP-Tag – was kann ich für dich tun?

» Meine neue Diät: Erlaubt sind unbegrenzt wertschätzende Kommentare; Selbstverurteilungen bitte streichen.

» Guten Morgen! Hab ich dir schon einmal gesagt, dass du ... ein/e tolle(r) / kluge(r) / starke(r) / herzliche(r) / talentierte(r) Frau/Mann bist?

» Erstaunlich! Dafür, dass wir uns schon so lange kennen, verstehen wir uns immer besser!

» Hallo! Du siehst gut aus – darf ich dich zum Essen einladen?

Ein Dankbarkeitstagebuch hilft Ihnen dabei, sich jeden Tag in Wertschätzung zu üben. Dadurch kann Ihre Selbstliebe wachsen: zum einen, weil Sie bewusst darauf achten, was Ihnen guttut, zum anderen, weil sich Ihr Fokus verändert. Wenn Sie Ihre Aufmerksamkeit auf die Qualität von Wertschätzung im Innen und Außen richten, wird es Ihnen automatisch leichter fallen, die Geschenke des Lebens zu erkennen und Ihre individuellen Talente wahrzunehmen. Wertschätzen Sie abends all die großen und kleinen Dinge, die Ihnen an diesem Tag positiv aufgefallen sind. Schriftliche Notizen sind dabei noch effektiver als Gedanken – betrachten Sie Ihr Dankbarkeitstagebuch als eine Hausaufgabe, die richtig Spaß macht.

WERTSCHÄTZUNG PRAKTIZIEREN

Wertschätzung ist ein wunderbares Gefühl und verwandt mit der Selbstliebe. Dabei hängen die Wertschätzung der eigenen Person und der anderer Menschen eng zusammen! Lassen Sie mich erklären, wie ich das meine:

Fangen Sie gleich heute damit an, sich selbst von Herzen reichlich Anerkennung und Wertschätzung zu schenken, auch für Kleinigkeiten.

Jeder von uns freut sich darüber, wenn ihm von außen Wertschätzung entgegengebracht wird. Das bedeutet Respekt, sogar Achtung und Anerkennung, und das sind menschliche Grundbedürfnisse. Mehr noch, gelebte Wertschätzung lässt uns persönlich wachsen, genau wie die richtige Pflege eine Pflanze zur vollen Blüte zu bringen vermag.

In Beziehungen und auch im Beruf scheint die Wertschätzung leider oft zu kurz zu kommen. Häufig habe ich in dem Zusammenhang den Satz gehört: »Mein Partner/Chef sieht gar nicht, was ich alles leiste. Ich wünsche mir endlich mehr Anerkennung und Wertschätzung.« Das ist sehr verständlich, aber wie sieht es mit der Anerkennung für Sie selbst aus?

Sagen Sie sich im Alltag öfter mal innerlich kleine wertschätzende Sätze wie »Das hab ich jetzt aber richtig gut hinbekommen« oder »Ich bin wirklich eine aufmerksame Kollegin« und würdigen Sie bewusst und wohlwollend Ihre Qualitäten und Talente.

In Bezug auf Ihre Selbstliebe rate ich Ihnen, sich bei der Praxis der Wertschätzung weniger auf prestigeträchtige äußere Erfolge zu konzentrieren, denn dann ginge es letztlich doch wieder um das Außen. *Entdecken Sie lieber die feinen Nuancen in Ihrem Innern, die sich Ihre Aufmerksamkeit wünschen.*

Ein Beispiel: Machen Sie Ihren Selbstwert nicht in erster Linie daran fest, wie viel Umsatz Sie diesen Monat erreicht haben, sondern erkennen Sie vor allem an, wie Sie emotional gut für sich und

Ihre inneren Bedürfnisse gesorgt haben. Ihre Selbstliebe wird dadurch wachsen.

Wenn Sie damit beginnen, sich jeden Tag selbst wertzuschätzen für das, was Sie tun, werden Sie nicht nur unabhängiger von äußerer Anerkennung. Sie schaffen damit auch eine Basis dafür, dass andere Menschen Sie anders wahrnehmen und Ihnen positive Achtung zurückspiegeln.

»REZEPTE« FÜR DIE WERTSCHÄTZUNG

★ *Die Wertschätzung Ihrer selbst pflegen*

Warum nicht ein tägliches Ritual daraus machen? Lassen Sie abends den Tag Revue passieren und schenken sich freundliche Anerkennung für alles, was Ihnen wertvoll erscheint.

★ *Wertschätzung anderen gegenüber zum Ausdruck bringen*

Wertschätzung auszusprechen ist genauso schön, wie sie zu bekommen. Ich finde, es wird viel zu viel daran gespart. Warum eigentlich? Sprechen Sie einfach aus, wenn Sie jemanden für etwas bewundern oder wenn Ihnen etwas Besonderes an einem anderen auffällt. Sie werden dadurch nicht nur den Tag der betreffenden Person bereichern, sondern auch Ihren eigenen. Was Sie geben, wird außerdem früher oder später zu Ihnen zurückkehren.
Besonders schön ist für den Betreffenden zu hören, warum Ihnen etwas gut gefällt, z.B.: »Ich mag die Farben, die du heute anhast. Es macht mich richtig fröhlich, dich zu sehen« oder »Ich freue mich, dass wir zusammenarbeiten. Von Ihnen kann ich in Sachen XY echt etwas lernen«.

EIN DATE MIT MIR SELBST

Übung

Haben Sie Lust auf ein Date mit sich selbst? Klingt ungewohnt? Sie werden vermutlich bald nicht mehr darauf verzichten wollen!

Ein wöchentlicher oder zumindest monatlicher Termin zu einem bestimmten liebevollen Zweck ist enorm hilfreich, um die eigene positive Entwicklung zu fördern. In diesem Fall geht es darum, die Selbstfürsorge zu kultivieren und immer selbstverständlicher werden zu lassen. Dazu verbringen Sie bewusst Zeit mit sich selbst und tun etwas, das Sie lieben. Es ist ganz wichtig, dass Sie dieses »Date« – diese Zeit mit sich – genauso wichtig nehmen wie einen geschäftlichen Termin. Am besten tragen Sie sich ihn deshalb fest in Ihren Terminkalender ein und planen schon einmal für die nächsten Monate im Voraus.

Seien Sie es sich wert, nichts dazwischenkommen zu lassen – es geht um Ihr persönliches Wohlbefinden.

DAS DATE IN DER PRAXIS

Jedes Date wird natürlich gut vorbereitet. Überlegen Sie sich deshalb schon ein paar Tage zuvor eine Aktivität, die Ihr Herz vor Freude hüpfen lässt. Hier sind ein paar Beispiele, die sich gut für ein Selbstliebe-Ritual eignen:

- Ein gemütlicher Abend zu Hause mit leckerem Essen und bei Kerzenschein
- Ein paar Stunden Wellness in einem Spa, Sauna und Massage inklusive
- Ein Besuch in Ihrem Lieblingscafé
- Ein Ausflug an einen Ort, wo Sie immer schon einmal hin wollten
- Eine Wanderung mit liebevoll vorbereitetem Picknick

Während Ihres Dates mit sich selbst können Sie nach Herzenslust tun und lassen, was Sie möchten, und brauchen sich nach niemandem richten, außer nach Ihren eigenen Wünschen. Wie gefällt Ihnen dieser Gedanke?

Wenn es sich erst einmal ungewohnt anfühlt, weil so viel Aufmerksamkeit für Sie neu ist, halten Sie sich den Grundsatz der Wertschätzung vor Augen: *Sie haben sich diese Zeit verdient und können sich jetzt etwas richtig Gutes tun!* Seien Sie es sich gleichzeitig auch wert, sich durch nichts von sich ablenken zu lassen. Schalten Sie das Handy aus, und informieren Sie Ihren Partner und Ihre Kinder über Ihren Plan.

Bei der Gestaltung Ihres Dates rufen Sie sich einfach in Erinnerung, was ein klassisches Rendezvous erfolgreich macht. Seien Sie genauso aufmerksam, charmant und großzügig zu sich selbst, wie Sie es im Zusammensein mit jemandem wären, in den Sie sich verliebt haben. Welchen Kuchen möchten Sie im Café bestellen? Welches Gericht würden Sie gerne heute Abend genießen? Wenn es für Sie stimmig ist, drücken Sie an diesem Tag mal ein Auge zu, was die Kalorien betrifft. Es geht um Ihren Genuss, und der soll heute Priorität haben.

Ein schönes Date wird schließlich durch einen verbindlichen Abschied abgerundet: Spüren Sie bewusst nach, wie gut Ihnen diese Stunden getan haben, und geben Sie sich das Versprechen, dieses Ritual bald zu wiederholen.

DAS JA ZU SICH SELBST ENTDECKEN

1

Sie selbst sein dürfen

Jeder Mensch möchte sich so angenommen fühlen, wie er ist. Damit dürfen wir bei uns selbst anfangen! Durch ein inneres freundliches »Willkommen« können Sie sich immer mehr in sich zu Hause fühlen. Ein tägliches Ja zu sich sorgt auf der körperlichen wie auf der emotionalen Ebene für eine entspannte Grundhaltung. Das ist viel gesünder, als mit sich zu hadern – probieren Sie es einfach aus!

2

Gehen Sie bewusst mit Ihren Gefühlen um

Entdecken Sie den Reichtum und die Botschaften Ihrer Gefühle. Dabei ist es hilfreich, alle Emotionen gleichermaßen ins Boot zu holen, denn neben den angenehmen wie Liebe und Freude haben auch solche wie Wut und Traurigkeit ihre Berechtigung und möchten wahrgenommen werden. Oft verstecken sich dahinter unerfüllte Bedürfnisse, die gesehen werden wollen.

3

Sorgen Sie für Ihre Bedürfnisse

Auf dem Weg zu mehr Selbstliebe werden Sie immer deutlicher spüren, was Ihre wahren Bedürfnisse sind – in jeder Hinsicht. Nehmen Sie sich Zeit, um ehrlich hinzuschauen, anstatt schnell darüber hinwegzugehen. Seien Sie es sich wert, offen für sich einzustehen. Selbstliebe bedeutet, gut für sich zu sorgen.

4

Setzen Sie Grenzen

Ein Ja zu sich selbst bedeutet manchmal ein Nein zum Gegenüber. Gesunde Grenzen schenken ein Gefühl von Sicherheit und erlauben Ihnen, bei sich zu bleiben. Finden Sie heraus, wo Ihre persönlichen Grenzen liegen – zwischenmenschlich, körperlich, hinsichtlich Ihrer persönlichen Belastung. Grenzen setzen zu können ist Ausdruck gesunder Selbstliebe und bedeutet, dass Sie sich selbst ernst nehmen.

5

Nehmen Sie sich Raum

Jeder Mensch braucht Platz, um sich entfalten zu können. Experimentieren Sie ein wenig mit Ihrem Bedürfnis nach (Frei-)Raum für sich selbst; achten Sie gleichzeitig auf Ihre Grenzen und die der anderen. Trauen Sie sich ruhig, Aufmerksamkeit für sich zu beanspruchen.

6

Schätzen Sie sich wert

Wohlwollende Anerkennung ist Balsam für die Seele. Das gilt für Sie selbst genauso wie für alles, was Sie im Außen entdecken. Wenn Sie sich bewusst in Wertschätzung Ihrer Mitmenschen, Ihrer Umwelt und Ihres Selbst üben, stehen Sie automatisch auf der Gewinnerseite.

Drittes Kapitel

Tempel der Seele: Den Körper lieben lernen

In diesem Kapitel erfahren Sie

Wie Sie Ihr inneres Wohlgefühl über äußere Schönheitsideale setzen

Wie Sie sich im Spiegel auf eine neue Art selbst begegnen können

Wie Sie sich immer mehr in Ihrem Körper zu Hause fühlen

Wie Sie Ihren Körper als Tempel der Seele erleben

FREUNDSCHAFT SCHLIESSEN MIT DEM KÖRPER

Unser Körper trägt uns durchs Leben. Dank ihm können wir uns bewegen, ausdrücken, einander begegnen. Er ermöglicht uns ein großes Spektrum an Gefühlen und Sinneserfahrungen, von himmelhochjauchzend bis zu Tode betrübt, von äußerst angenehm bis schrecklich schmerzhaft. Der Körper macht das Leben erst möglich – manchmal jedoch auch schwer.

Genauso unterschiedlich wie seine Erfahrungsmöglichkeiten kann auch unsere Beziehung zum eigenen Körper sein, besonders in unserer heutigen visuell geprägten Zeit. Werbung, Film und Fernsehen halten uns tagtäglich überhöhte Schönheitsideale vor Augen, Castingshows versprechen Ruhm und Anerkennung, solange die Kandidaten überdurchschnittlich gut aussehen. Da ist es kaum verwunderlich, dass nur wenige Menschen rundum glücklich mit ihrem Aussehen sind. Studien zeigen, dass sich die meisten von uns mit ihrem Körper zumindest in irgendeiner Hinsicht unzufrieden fühlen.

Wenn Sie also hier und da mit Ihrem Aussehen hadern – seien Sie beruhigt, den meisten von uns geht es so!

An erster Stelle der Unzufriedenheitsskala werden übrigens bei beiden Geschlechtern die Aspekte »Gewicht« und »Bauch« genannt, wobei sich etwa 50 Prozent der Frauen und 40 Prozent der Männer, die sich für zu dick halten, in Wahrheit eigentlich ein gesundes Gewicht haben.

Das eigene Körperbild scheint sich also häufig von der Fremdwahrnehmung zu unterscheiden; eigene kleine Makel, die anderen kaum auffallen, werden als dominierend wahrgenommen und nagen am Selbstwertgefühl. So auch bei Christina, die lange Zeit unter ihrer nicht ganz perfekten Nase litt. »Es fühlte sich für mich wirklich so an, als ob das alles sei, was mich ausmachte. Ich bildete mir ein, dass jeder sofort diesen Fehler an mir wahrnahm. Das war aber gar nicht so.«

EINEN NEUEN FOKUS ENTWICKELN

Um ein freundschaftliches Verhältnis zum eigenen Körper zu entwickeln, ist es hilfreich, sich neu auszurichten. Fragen Sie sich:

- Was mag ich an mir?
- Was finde ich eigentlich ganz in Ordnung?

Machen Sie sich ein Stück weit frei von den äußeren Idealen, wie Ihr Körper aussehen und funktionieren sollte. Denn auf diese Ideen haben Sie keinen Einfluss – wohl aber darauf, wie Sie sich selbst sehen!
Anstelle von Vergleichen gilt es die Einzigartigkeit zu entdecken, die in Ihrem Körper schlummert. Wenn Sie sich dabei achtsam und freundlich dem zuwenden, was Sie innerlich und äußerlich als angenehm oder schön empfinden, wird sich Schritt für Schritt eine liebevolle Beziehung zum eigenen Körper aufbauen.

ZUFRIEDEN TROTZ HANDICAP

Auch erworbene oder nicht veränderbare Einschränkungen können das Einverstandensein mit dem eigenen Körper einschränken. Narben und Behinderungen sind in der Regel nicht mehr rückgängig zu machen und stellen eine Herausforderung dafür dar, sich anzunehmen und das Beste aus der Situation zu machen. Das ist nicht leicht, aber durchaus möglich.

Gern erinnere ich mich an Udo, einen sportlichen Mann Ende 40, der regelmäßig in das Rehazentrum kam, in dem ich arbeitete. Seit einem schweren Unfall war Udo querschnittsgelähmt und kann sich seither nur im Rollstuhl fortbewegen. Es wäre nur allzu verständlich, wenn er deswegen deprimiert gewesen wäre, aber das Gegenteil war der Fall. Trotz seines Handicaps trainierte er hochmotiviert und dankbar alle Muskeln des Oberkörpers und freute sich über jeden kleinen Erfolg. Ich hatte den Eindruck, dass er durch seinen Unfall sein Leben und seinen Körper auf eine ganz besondere Weise zu schätzen gelernt hatte.

Wenn Sie sehr unter Ihrem Körper leiden, vielleicht auch schon Symptome wie eine Essstörung oder eine Depression entwickelt haben, zögern Sie nicht, Unterstützung in Anspruch zu nehmen. Das kann Ihnen helfen, sanfter und liebevoller mit sich zu werden!

SPIEGLEIN, SPIEGLEIN AN DER WAND

Übung

Folgende Übung lege ich Ihnen besonders ans Herz, denn sie ist sehr kraftvoll und hilft Ihnen, sich selbst zu spüren und wirklich nahezukommen.
Wenn Sie mit der Praxis der Selbstliebe beginnen, wird sich Ihr Blick in den Spiegel verändern. Anders als beim Schminken oder Zähneputzen werden Sie sich fortan bewusster wahrnehmen – genauso wie Sie sind. Ich lade Sie ein, sich jeden Tag ein paar Minuten Zeit für ein kleines Ritual zu nehmen. Dieses kann schon nach kurzer Zeit positive Veränderungen bewirken.

DER NEUE BLICK

★ Schauen Sie bewusst und freundlich in den Spiegel. Betrachten Sie Ihre Augen. Welchen Ausdruck erkennen Sie darin? Die Augen sind das Fenster zur Seele – halten Sie einen Moment Blickkontakt, schenken sich ein liebevolles »Hallo«. Versuchen Sie sich wirklich zu begegnen, wie einem Freund, den Sie lang nicht gesehen haben und nach dessen Wohlbefinden Sie sich erkundigen möchten. Sagen Sie sich (laut oder in Gedanken): »Willkommen – schön, dass du da bist!«

★ Wenn Sie den Impuls verspüren, wegzuschauen oder zu bewerten, bleiben Sie trotzdem dabei. Beobachten Sie innerlich, was passiert. Vielleicht kommt Ihnen eine ganze Reihe von Gedanken in den Kopf oder es steigen Gefühle in Ihnen auf. Ignorieren Sie diese nicht, aber schenken Sie Ihnen auch nicht zu viel Beachtung, denn sie sind nur ein Teil von Ihnen. Sie selbst sitzen am Steuer und können entscheiden, worauf Sie Ihre Aufmerksamkeit richten. Halten Sie den Fokus auf der Betrachtung Ihres Spiegelbilds.

★ Schauen Sie sich Ihre Wangen an, die Nase, Ihre Ohren und verweilen Sie jeweils einen Moment mit Ihrem Blick dort – vielleicht fällt Ihnen etwas auf, was Sie noch nie zuvor bemerkt haben? Möglicherweise ist da ein Glänzen in den Augen, ein süßes Grübchen oder irgendeine andere Kleinigkeit. Nehmen Sie wahr, was Ihnen in Ihrem Gesicht gefällt.

★ Beginnen Sie dann mit Ihrem Spiegelbild zu sprechen. Das mag sich im ersten Moment ungewohnt anfühlen, deshalb schenken Sie sich einfach ein paar Sätze zum Aufwärmen, dann klappt es meistens besser.

★ Wenn Sie das Gefühl haben, einen guten Kontakt zu sich selbst hergestellt zu haben, beginnen Sie ein positives Selbstgespräch. Denken Sie dabei wieder an den guten Freund, den Sie wirklich mögen und aufmuntern möchten. Finden Sie dabei Worte, die sich für Sie freundlich, aber auch realistisch anhören. Sie könnten z. B. sagen: »Hey, ich mag deine Augen« oder: »Weißt du, XY hast du wirklich gut hinbekommen. Ich bin stolz auf dich.« Sagen Sie sich nur Wertschätzendes und Ehrliches und schauen sich dabei in die Augen.

★ Vielleicht schleicht sich die Stimme des inneren »optischen« Kritikers ein und flüstert: »O mein Gott, wie viele Falten du bekommen hast« oder: »Schon wieder neue graue Haare an den Schläfen, kauf dir schleunigst eine Tönung, damit man das nicht sieht!« Lassen Sie sich nicht einschüchtern von dem inneren Geplapper, aber kämpfen Sie auch nicht dagegen an, denn dann geben Sie ihm unnötig Macht. Führen Sie unbeirrt Ihr positives Gespräch fort. Finden Sie Ihre persönlichen wertschätzenden Worte – für jedes Detail. Diese wiederholen Sie täglich. Beobachten Sie, was geschieht. Ungeschminkt ist dieses Ritual übrigens besonders effektiv!

DER KÖRPER ALS TEMPEL DER SEELE

Unser Körper ist tatsächlich so etwas wie unser Zuhause. Wenn wir ihn sogar als »Tempel« betrachten lernen, schwingt im Umgang mit ihm gleich viel mehr Wertschätzung mit.

Was alles lässt Sie so richtig wohlfühlen in Ihrem Körper? Was brauchen Sie, um sich gesund, vital und im Fluss zu fühlen? Machen Sie sich frei von Vorstellungen und Trends, was »man« braucht und womit »man« sich begnügt. Jeder Körper ist einzigartig und hat unterschiedliche Bedürfnisse: Der eine kommt mit sechs Stunden Schlaf aus, der andere fühlt sich erst nach acht ausgeruht. Der eine isst gerne vegan, der andere gar nicht. Wieder einer braucht viel Körperkontakt und Nähe, ein anderer mag das weniger.

Vertrauen Sie der Weisheit Ihres Körpers und seien Sie es sich wert, Ihren Bedürfnissen nachzukommen und sie klar auszusprechen. So schaffen Sie die beste Voraussetzung für körperliche und seelische Balance.

DIE WAHRNEHMUNG VERBESSERN

Manchmal ist es wichtig, innezuhalten und überhaupt erst einmal wieder zu spüren, wie sich der eigenen Körper eigentlich fühlt und was er braucht. Die Zeit heute ist so schnelllebig: Vielfältige Anforderungen und Stress bewirken, dass wir oft mehr im Kopf zu Hause sind als im Körper. Nicht selten macht dieser dann von sich aus auf dieses Ungleichgewicht aufmerksam. Doch so weit muss es nicht kommen!
Schaffen Sie sich ein tägliches Ritual zum Innehalten und Wahrnehmen. Das kann z. B. eine Entspannungsübung sein, die Sie mögen und zu der Sie Ihren inneren Beobachter einladen.

DER KÖRPER ALS WERTVOLLES INSTRUMENT

Machen Sie Ihren Körper zu Ihrem Verbündeten. Er kann Ihnen als aussagekräftiges Instrument dienen, das Sie auf Ihre innere Wahrnehmung, Ihre Gefühle

Besonders hilfreich zum Spüren des eigenen Körpers finde ich die Kombination aus Bewegung und Meditation. Das ist ohne viel Aufwand umzusetzen und hat einen großen Effekt: Setzen Sie sich nach dem Joggen oder nach einem Sport Ihrer Wahl aufrecht hin, schließen für eine Weile Ihre Augen und spüren einfach Ihren Körper und den Atem. Durch den Sport verlagert sich die Aufmerksamkeit vom Denken zum Spüren. Sie werden sich in der Regel nicht nur besser fühlen, sondern auch genauer wahrnehmen, was in Ihrem Körper vor sich geht und was Sie brauchen. Schenken Sie sich selbst liebevolle Aufmerksamkeit – wenn sich etwas angespannt anfühlt oder zwickt, lenken Sie Ihren Atem dorthin oder legen Ihre Hand auf.

und Intuition aufmerksam macht – nicht umsonst spricht man vom »Bauchgefühl«. Umgekehrt steht Ihnen Ihr Körper treu zur Verfügung, um sich auszudrücken, zu bewegen und das Leben mit allen Sinnen zu genießen. Dabei grenzt es fast schon an ein Wunder, was er alles kann! Stellen Sie sich vor, dass alle Ihre Organe und Sinne, Ihr Nervensystem, Ihre Atmung und Ihr Herz auf einzigartige Weise zusammenwirken, angeführt von einem fantastischen Gehirn.

Es wird Ihre Selbstliebe stärken, wenn Sie erkennen, wie genial Ihr Körper tatsächlich beschaffen ist!

Gleichzeitig ist in Ihrem Körper Ihr ganzes Leben gespeichert: angenehme, aber auch unangenehme oder gar traumatische Erfahrungen. Letztere können bisweilen für emotionale und auch körperliche Blockaden und Beschwerdesymptome sorgen. Dann kann es sogar Angst machen, den eigenen Körper zu spüren. Der Organismus ist in einem solchen Fall wie ein Haus, das nicht vollständig bewohnt wird. Damit Ihnen aber Ihre gesamte Lebensenergie, Ihr ganzes »Haus« (wieder) zur Verfügung steht, kann es sehr hilfreich sein, eine professionelle körper- oder traumatherapeutische Unterstützung in Anspruch zu nehmen. Hier kann eine ursprünglich schmerzhafte Erfahrung transformiert werden und Ihnen physisch und psychisch neue Lebensfreude und Energie schenken. *Vertrauen Sie, wenn in Ihnen entsprechende Wahrnehmungen aufsteigen – sie sind im Grunde ein gutes Zeichen und bedeuten, dass Körper und Seele heilen möchten.*

GESUNDHEIT UND WOHL-BEFINDEN PFLEGEN

Wenn etwas Neues entstehen soll – nämlich mehr Selbstliebe –, ist es hilfreich, zunächst aufzuräumen und in jeder Hinsicht Platz zu schaffen. In der chinesischen Harmonielehre Feng-Shui geht man davon aus, dass dann die Lebensenergie besser fließt. Das gilt natürlich auch für den eigenen Körper! Eine gesunde Ernährung, vielleicht auch eine kleine Detox-Kur wirken oft Wunder.

Spüren Sie in sich hinein, was Ihnen wirklich wohltut. Sagen Sie sich, dass Sie Ihrem Körper als Ihrem treuen Freund dadurch etwas Gutes tun. Sie halten sozusagen Ihren Tempel klar und sauber. Besonders wichtig ist dabei die Leber. Zum einen, weil sie als Organ für die körperliche Entgiftung sorgt und praktisch wie ein Filter funktioniert, der ab und zu gereinigt werden möchte. Zum anderen kommt ihr in emotionaler Hinsicht eine weitere wichtige Aufgabe zu: Laut der Traditionellen Chinesischen Medizin kann die Leber uns helfen, unsere kreativen Energien zum Ausdruck zu bringen, uns zu entfalten und zu behaupten.

Seien Sie es sich auch wert, für genügend Entspannung zu sorgen. Wenn wir ständig beschäftigt und gestresst sind, ist es viel schwieriger, gelöst und liebevoll zu uns selbst zu sein. Wir sind im Denken oft so schnell und vergessen, dass der Körper für viele Prozesse etwas mehr Zeit braucht.

Ein verspannter Körper wünscht sich nichts mehr als liebevolle Zuwendung, vielleicht eine Massage oder ein warmes Bad und vor allem ausreichend Schlaf. Wenn Sie Ihre Akkus regelmäßig aufladen, werden Sie sich viel präsenter in Ihrem Körper fühlen.

ENERGIE, DIE IM KÖRPER FLIESST

Wohl in unserem Körper fühlen wir uns, wenn wir Energie, Wachheit und Klarheit empfinden. Bewegung ist eine wunderbare Möglichkeit, um unsere Lebensenergie zu wecken. Finden Sie auf jeden Fall eine Sportart, die Ihnen Spaß macht. Dann bleiben Sie auch dabei. Training an der frischen Luft hat den Vorteil, dass Sie den Kopf frei bekommen, und die Natur schenkt jedem, der offen dafür ist, einen wohltuenden Ausgleich zum Alltag. Vor allem hat Sport aber den Vorteil, dass Sie damit so richtig in den Körper kommen

*»Friede beginnt damit,
dass jeder von uns sich jeden Tag um seinen Körper
und seinen Geist kümmert.«*

Thich Nhat Hanh

können – eine gute Voraussetzung, um sich im Fluss zu fühlen und entspannter und liebevoller durch den Tag zu gehen. Klarheit und Wachheit werden natürlich auch durch alles beeinflusst, was wir zu uns nehmen. Wenn Ihre Selbstliebe wächst, werden Sie sehr wahrscheinlich automatisch das Bedürfnis spüren, Ihrem Körper auch in dieser Hinsicht Gutes zu tun. Haben Sie dabei ein Auge auf Genussmittel – Essen, Trinken und Rauchen können bekanntlich kurzfristig ein Hochgefühl bescheren und werden gern genutzt, um sich besser zu fühlen. In gesundem Ausmaß ist das ja auch völlig okay. Oft aber verbirgt sich hinter der gesteigerten Lust auf Genussmittel ein anderes Bedürfnis, z. B. die Sehnsucht nach menschlicher Nähe.

Nehmen Sie sich zukünftig im Sinne Ihrer Selbstliebe einen Moment Zeit, bevor Sie zum Glas Wein, zur Schokolade oder Zigarette greifen. Spüren Sie innerlich nach, wonach Sie sich wirklich sehnen. Dient das, was Sie konsumieren, eigentlich als Trostpflaster oder Beruhigung? Wie fühlen Sie sich danach?

Jana ist 31, lebt allein als Single in einer noch fremden Großstadt und bezeichnet sich selbst als »Schokoholikerin«. Wenn sie abends von der Arbeit nach Hause kommt und ihre leere Wohnung betritt, überfällt sie das kaum beherrschbare Verlangen nach Schokolade. Fast täglich geht sie ihrem Heißhunger nach, um sich anschließend über die unnötigen Kalorien zu ärgern.

Mittlerweile aber beginnt sich die Situation zu verändern. »Ich bin mir sicher, dass meine Zuckersucht nur ein ungesundes Trostpflaster ist, um meine Einsamkeit nicht zu spüren«, sagt sie. »In meiner alten Stadt hatte ich viel mehr Freunde und nicht dieses ständige Verlangen nach Süßem. Ich versuche jetzt das eigentliche Problem anzupacken und hier neue Kontakte zu knüpfen.«

Vielleicht erkennt sich die eine oder der andere von Ihnen im Beispiel von Jana wieder. Da Zucker, Alkohol und Zigaretten sofort eine Wirkung im Körper zeigen, bieten sie sich kurzfristig an, um unangenehme Gefühle zu überspielen. Besser ist es jedoch, das wahre Gefühl zu erkunden und dem versteckten Bedürfnis Raum zu geben.

Kümmere dich um
deinen Körper.
Es ist der einzige Platz
ZUM LEBEN,
den du hast.

Jim Rohn

AUSSEN WIE INNEN

Schon in der Antike erkannte man den Körper als Spiegel der Seele. Seine Haltung, seine Sprache und sein Ausdruck verraten so viel über das Innenleben des Menschen. Wichtig ist dabei die Erkenntnis, dass das Äußere dem Innern folgt. *Stellen Sie sich eine Lampe vor: Ihr Körper ist der Schirm, und Ihre Seele ist die Glühbirne. Knipsen Sie Ihr inneres Licht an, indem Sie liebevoll und wertschätzend zu sich sind, und prompt werden sich Ihr Körpergefühl und Ihre Ausstrahlung positiv verändern.*

Ich glaube, dass jeder Körperteil, jedes Organ mit einem seelischen Aspekt zusammenhängt. Wenn wir offen für die Symbolik des Körpers und seine Symptome sind, können wir darin lesen wie in einem Buch. Man kann sich beispielsweise fragen:

- Was schlägt mir auf den Magen?
- Warum hüpft mein Herz vor Freude?
- Was bedeutet es für mich, mit beiden Beinen im Leben zu stehen?

Selbstliebe bedeutet, Verantwortung für den Körper und seine Balance zu übernehmen. Manchmal ruft eine Krankheit oder ein Unfall zu größerer Achtsamkeit hinsichtlich Bewegung, Ernährung und Entspannung auf. Wenn Ihnen so etwas passiert, verstehen Sie dies als Weckruf Ihrer Seele!

Liebe beschleunigt Heilung.

Wenn Sie sich mal krank oder schlapp fühlen, schimpfen Sie nicht mit sich, weil Sie gerade nicht so funktionieren wie gewohnt. Geben Sie stattdessen Ihrem Körper liebevolle Zuwendung und Ruhe, damit er seine Balance wiederfinden kann.

Es ist völlig normal, dass wir manches an unserem Körper mögen und anderes weniger. Doch oft betonen wir die Optik so sehr, dass wir darüber ganz die Funktion vergessen. So erzählte mir einmal eine junge Frau, dass sie ihre Füße auch im Sommer in geschlossenen Schuhen versteckt, damit niemand ihre ungleichmäßigen Zehen sehen kann. Das ist sehr schade, denn unsere Füße tragen uns doch so wunderbar durchs Leben!

MEIN WERTVOLLER KÖRPER

Schreiben Sie hier auf, was Sie an Ihrem Körper mögen. Entweder, weil Sie es schön finden, weil es sich gut anfühlt oder weil Sie dankbar für die Möglichkeiten sind, die es Ihnen beschert. Wertschätzen Sie besonders das, was Ihnen bisher immer selbstverständlich erschienen ist.

Ich finde schön an mir:
(z. B.: meine Augen, Haare, Hände ...)

Das fühlt sich gut an in meinem Körper:
(z. B.: die Energie beim Tanzen, Barfuß-laufen am Strand, frische Luft zu atmen)

Für diese Funktion bin ich besonders dankbar: (z. B.: meinen Geschmacksinn – er bereitet mir so viel Genuss; meine Ohren – dank ihnen kann ich mich über schöne Musik freuen)

SO SCHLIESSEN SIE FREUNDSCHAFT MIT IHREM KÖRPER

Praxistipps

Positiver Fokus

★ Manchmal hadern wir mit etwas an unserem Körper, das uns nicht gefällt – sei es die Nase, der Bauch oder das Gewicht. Lassen Sie es nicht zu, dass eine Kleinigkeit Ihr Selbstbild überschattet, dafür sind Sie viel zu kostbar! Konzentrieren Sie sich auf alles, was Sie an sich schätzen, und lernen Sie bewusst neue Aspekte kennen, die Ihnen womöglich vorher selbstverständlich erschienen sind. Vielleicht haben Sie eine schöne weiche Haut oder eine besonders angenehme Stimme?

Rituale

★ Machen Sie alltägliche Tätigkeiten zu einem kleinen Selbstliebe-Ritual, z. B. das Eincremen nach der morgendlichen Dusche. Stellen Sie sich vor, dass Sie sich dabei ganz bewusst begegnen und liebevolle Aufmerksamkeit zukommen lassen können. Lächeln Sie sich aufmunternd im Spiegel zu und sagen sich etwas Nettes.

Komplimente-Dusche

★ Unter guten Freunden oder zwischen Partnern kann es sehr bereichernd sein, sich gegenseitig zu sagen, was man am anderen mag oder schön findet. So eine Komplimente-Dusche hebt die Laune und steigert das Selbstwertgefühl sofort.

Belohnung für den Körper

★ Manchmal darf man sich einfach etwas gönnen. Eine professionelle Typberatung kann Ihnen helfen, optisch Ihre Stärken zu betonen, genauso wie ein schönes neues Outfit sich richtig gut anfühlt. Selbstliebe kann wachsen, wenn wir gerne in den Spiegel schauen. Das gilt übrigens für Frauen und Männer gleichermaßen.

Zufallsbegegnung

★ Wenn Sie sich im Alltag zufällig selbst begegnen – sei es, dass Sie Ihr Spiegelbild im Schaufenster sehen, Ihre Stimme auf dem Anrufbeantworter hören oder Ihnen unvermittelt ein altes Foto von sich in die Hände fällt –, heißen Sie sich willkommen! Falls Sie sich in solchen Momenten verunsichert fühlen, wirkt der Dialog mit dem Spiegel Wunder.

Dankbarkeit

★ Gesundheit ist ein kostbares Gut. Das fällt manchmal erst auf, wenn Beschwerden das Wohlbefinden einschränken. Schätzen Sie deswegen jeden Tag Ihren Körper und alles, was er Ihnen ermöglicht! Dass Dankbarkeit auch die Heilung fördert, zeigt diese Erfahrung einer Freundin von mir: Nach einer schweren Unterleibsoperation hatte sie sich angewöhnt, morgens unter der Dusche zu singen und sich dabei dankbar ihrem Körper zuzuwenden, der ihr so gute Dienste leistet. Während sie liebevoll ihre Narben streichelte, bedankte sie sich innerlich bei ihrem Körper und wurde dabei von dem Gefühl durchströmt, dass die Heilung gut und schnell voranschritt.

Ernährung

★ Selbstliebe lässt Sie lebendig fühlen und Gleiches bewirkt eine bewusste Ernährung. Machen Sie auch Ihre Mahlzeiten zu einem bewussten, entspannten Ritual und genießen Sie mit allen Sinnen den Vorgang des Schmeckens und das Ambiente drumherum. Lenken Sie sich beim Essen nicht gleichzeitig mit einem Buch oder dem Fernseher ab. Achtsames Essen ist viel bekömmlicher.

Entspannungstipp

★ Gönnen Sie Körper und Geist mindestens einmal am Tag ein paar meditative Momente. Stellen Sie die Füße fest auf den Boden, schließen die Augen, spüren einfach Ihren Körper und beobachten Ihren Atem. Nichts weiter! Egal, ob in der Mittagspause im Büro oder auf der Parkbank, diese wenigen Minuten vermögen Sie mit sich selbst zu verbinden und sind deshalb Gold wert.

Schlaf

★ Machen Sie auch Ihre Schlafenszeit zu einem Selbstliebe-Ritual. Wer schläft nicht gern in einem gemütlichen Bett mit duftenden Kissen? Vielleicht möchten Sie vor dem Zubettgehen noch ein Bad nehmen oder ein schönes Buch lesen? Seien Sie es sich wert, dass Sie nachts so gut wie möglich auftanken können, um ausgeruht in den neuen Tag zu starten. Besonders hilfreich ist der Moment vor dem Schlafen und nach dem Aufwachen, um sich mit freundlichen Affirmationen zu beschäftigen. Diese können dann direkt ins Unterbewusstsein sinken.

FÜR EINEN LIEBEVOLLEN UMGANG MIT DEM KÖRPER

1

Schönheit beginnt innen

Das wissen wir rein theoretisch schon. Durch Selbstliebe können wir diese Erkenntnis wirkungsvoll in die Praxis umsetzen. Denn schön und attraktiv fühlen wir uns, wenn wir im Reinen mit uns sind und unseren Körper zu schätzen wissen. Das befreit von äußeren Vorgaben durch Medien und Werbung, die uns ein bestimmtes Schönheitsideal suggerieren – welches in ein paar Jahren vielleicht schon ganz anders aussieht!

2

Sprechen Sie mit Ihrem Spiegelbild

Ein täglicher Dialog mit Ihrem Spiegelbild vermag Ihr liebevolles Verhältnis zu sich und Ihrem Körper deutlich zu verbessern. Begegnen Sie sich mit neuen Augen und einem sanften Blick, während Sie sich im Spiegel betrachten und freundliche Wertschätzung und Komplimente zum Ausdruck bringen. Hierbei macht Übung den Meister – bleiben Sie unbedingt am Ball!

3

Behandeln Sie Ihren Körper als Tempel

Wenn Sie Ihren Körper als Tempel betrachten, können Sie damit Ihre Selbstachtung steigern. Denn ein Tempel ist etwas Heiliges, dem man mit Achtsamkeit begegnet. Durch aufmerksames Sorgen für alle körperlichen Bedürfnisse – also Ernährung, Bewegung, Berührung, Entspannung und Schlaf – üben Sie sich ganz praktisch in Selbstliebe.

4

Sehen Sie Ihren Körper als kostbares Instrument

Der Körper ist das Zuhause der Seele und steht uns gleichermaßen zur inneren Wahrnehmung und zum äußeren Ausdruck zur Verfügung. Lauschen Sie der Weisheit Ihres Körpers und vertrauen Sie immer mehr Ihrem Bauchgefühl. Je klarer und wacher Ihr Körper ist, desto besser kann sich Ihre Seele darüber ausdrücken.

5

Seien Sie dankbar für alle körperlichen Funktionen

Ein liebevolles Verhältnis zum eigenen Körper kann wachsen, wenn Sie abseits vom Aussehen eine Dankbarkeit für all die einzigartigen Funktionen gewinnen, die Ihr Körper bereithält. Wenn Sie mit etwas an sich hadern, versuchen Sie zu erkennen, dass auch dieser Aspekt Ihnen auf eine bestimmte Art dienen möchte.

6

Beschwerdesymptome als Weckruf der Seele

Der Körper zeigt sich auf verschiedene Art und Weise als Spiegel der Seele. Krankheit, Verspannungen und Symptome des Unwohlseins rufen dazu auf, sich liebevoller um das innere Gleichgewicht zu kümmern. Verurteilen Sie sich nicht dafür, sondern begreifen Sie dies als einen Aufruf Ihrer Seele, die sich mehr Harmonie wünscht.

Viertes Kapitel

Entfaltung und Wachstum: Selbstliebe blühen lassen

In diesem Kapitel erfahren Sie

Wie Selbstliebe zu einem lebenslangen Begleiter wird

Wie Sie sich auch in Krisen liebevoll begegnen können

Wie Sie Ihre Herzenswünsche und Lebensträume unterstützen können

In welche Fallen man auf dem Weg zur Selbstliebe tappen kann und wie man sie umgeht

DIE AUFWÄRTSSPIRALE

Stellen Sie sich vor, dass das Leben wie eine Spirale nach oben verläuft. Im Laufe der Jahre entwickeln Sie sich, bewegen sich aufwärts. Wahrscheinlich werden Sie zugleich in bestimmten Abständen immer wieder Herausforderungen begegnen, das hat das Leben so an sich.

Selbstliebe kann Ihnen helfen, zunehmend besser mit Herausforderungen umzugehen, weil Sie klarer mit sich verbunden sind. Genau wie eine gute Liebesbeziehung mit den Jahren an Tiefe und Vertrauen gewinnt, kann auch Ihre Beziehung zu sich selbst durch Wertschätzung und Fürsorge immer erfüllender werden.
Das heißt nicht, dass es keine Aufs und Abs mehr gibt – aber insgesamt geht es deutlich bergauf in der Spirale.

DER ÄUSSERE SPIEGEL

Auf der Reise zu sich selbst werden Sie entdecken, dass alles um Sie herum ein persönliches Lernfeld repräsentiert. Die Art Ihrer Beziehungen, Ihr Beruf und Ihre Erfahrungen in allen Lebensbereichen spiegeln Ihnen zuverlässig zurück, wer Sie selbst sind. Das gilt im Positiven wie im Negativen.
Wenn Sie liebevoller zu sich werden, wird auch Ihre Umwelt Ihnen mit mehr *Wertschätzung* begegnen. Sie werden neue Erfahrungen und Menschen in Ihr Leben ziehen, die Sie darin bestärken, Sie selbst zu sein. So kann die Qualität Ihrer Beziehungen und Freundschaften wachsen sowie Ihr Bewusstsein darüber, wer und was Ihnen im Leben guttut.

Sich selbst lieben zu lernen bedeutet, der eigenen Seele näherzukommen. Sie entscheiden sich dafür, mehr zu fühlen und ganzer zu werden. Das macht es möglich, dass Sie auch anderen Menschen auf eine tiefere Art begegnen. Die Nähe und Verbindung zu anderen, besonders in der Liebe, kann in dem Maß wachsen, in dem Sie sich selbst näherkommen.

DER INNERE BESTE FREUND

Übung

»Sei dir selbst ein guter Freund« wird oft gesagt, aber wie funktioniert das in der Praxis? Folgende Übung habe ich dazu als überaus wirksam kennengelernt.

»——› Platzieren Sie zwei Kissen mit etwas Abstand vor sich auf dem Boden, und nehmen Sie Platz auf dem ersten. Hier sind Sie – mit all Ihren Gedanken und Gefühlen.

»——› Beginnen Sie nun mit dem zweiten Kissen darüber zu sprechen, was Sie bewegt, wie zu einem guten Freund. Das mag sich anfangs seltsam anfühlen, aber reden Sie einfach weiter, bis Sie in Fluss kommen. Nach einer Weile geht das ganz leicht.

»——› Dann setzen Sie sich auf das andere Kissen. Jetzt befinden Sie sich in der Position Ihres besten Freundes. Beginnen Sie aus seiner Perspektive zu sprechen. Was würde Ihnen Ihr bester Freund nun sagen? Vielleicht etwas Liebevolles wie: »Ich kann deine Gefühle so gut verstehen« oder beruhigende Worte: »Glaub an dich! Wenn du Rat brauchst – ich bin immer für dich da«. Versuchen Sie auch auf dieser Position, ein paar Minuten lang zu sprechen.

»——› Dann setzen Sie sich zurück auf das erste Kissen – und nehmen »den besten Freund« mit! Halten Sie das zweite Kissen an sich gedrückt und spüren bewusst, was in Ihnen geschieht, während Sie beide Qualitäten in sich wahrnehmen.

»——› Wiederholen Sie diese Übung, wann immer Sie sich Unterstützung wünschen!

Innen wie außen

Dadurch, dass Sie innerlich wachsen und sich verändern, werden Sie auch neue Erfahrungen und Menschen anziehen. Beobachten Sie achtsam, wer Sie unterstützt, Ihren Weg zu gehen.

VOM UMGANG MIT KRISEN

Schwierige Zeiten gehören zum Leben dazu und stellen uns auf die Probe. Es ist so menschlich, in Krisenmomenten zu zweifeln und zu trauern, und gleichzeitig schwer, sich selbst darin zu lieben. Oft haben wir keinen Einfluss auf den Auslöser der Krise. Trennungen, Verluste und Krankheiten konfrontieren uns plötzlich mit unseren Schattengefühlen, die wir gern vermeiden, die sich aber sehnlich unsere Annahme wünschen.

Krisen sind Verwandlungsprozesse, die begleitet werden von den unterschiedlichsten Gefühlen, von Unsicherheit und Ängsten. Alte Emotionen werden plötzlich an die Oberfläche gespült, Beziehungen, manchmal auch der Beruf, infrage gestellt. Das ganze Leben erscheint auf einmal in einem neuen, zweifelhaften Licht.

NUR MUT!

So unangenehm und verwirrend sich das momentan auch anfühlen mag, so ist das Auftreten von Krisen immer ein Zeichen dafür, dass Sie die Reife besitzen, sich weiterzuentwickeln.

Laufen Sie nicht vor sich weg, sondern versuchen Sie, freundlich mit sich verbunden zu bleiben.

SICH LIEBEVOLL ANNEHMEN LERNEN

Wenn sich beispielsweise äußere Faktoren wie der Beruf oder der langjährige Partner aus dem Leben verabschieden, leidet unser Selbstwertgefühl. Das Herz blutet, und es ist nicht leicht, die Situation so zu akzeptieren. Dabei werden wir in dem Moment vom Leben herausgefordert, uns uns selbst zu stellen und liebevoll anzunehmen.

Ohne Ablenkung sind wir gezwungen, genau hinzuschauen und uns mit dem auseinanderzusetzen, was vielleicht schon lange im Dunkeln gärt und nun endlich gesehen werden will. Nur dann werden wir – zunächst kaum merklich, dann

»Krise ist ein produktiver Zustand. Man muss ihm nur den Beigeschmack der Katastrophe nehmen.«

Max Frisch

immer spürbarer – innerlich wachsen und nach einer Weile verändert und gestärkt weitergehen können.

Jede echte Krise hat einen Grund und braucht ihre Zeit. Verzichten Sie auf den Ehrgeiz, wie Phönix aus der Asche aufer-stehen zu wollen. Akzeptieren Sie lieber den Staus quo. Lauschen Sie Ihrer Seele, was sie Ihnen mitteilen möchte. Lassen Sie Ihr Herz sprechen, und gönnen Sie Ihrem Kopf eine Pause.

Die gute Nachricht ist: Keine Krise dauert ewig, auch wenn momentan noch kein Silberstreif am Horizont erscheinen mag. Selbstliebe kann Ihnen helfen, auch in finsteren Tagen auf Ihrem Weg zu bleiben. Denn wenn es Ihnen gelingt, auch dann Ja zu sich zu sagen, wenn Sie zweifeln, trauern und leiden, entsteht eine Sicherheit in Ihnen, die Ihnen niemand nehmen kann. Sie werden leichter den Schatz erkennen, der in jeder Dunkelheit verborgen liegt. So kann mit Achtsamkeit, Geduld und Selbstliebe die Krise zum Schlüssel für eine dauerhafte positive Veränderung werden.

Unterstützung in Krisenzeiten: die Stimme des inneren besten Freundes

SELBSTLIEBE IN DER KRISE

Praxistipps

Achten Sie sorgsamer auf sich

Üben Sie in Krisenzeiten besonders das tägliche Ritual vor dem Spiegel. Wenn es Ihnen gelingt, auch jetzt freundlich mit Ihrem Spiegelbild zu sprechen, gehen Sie einen großen Schritt in Richtung Selbstliebe. Seien Sie dabei ehrlich und öffnen Sie sich allen Gefühlen, dadurch schaffen Sie Entlastung und Verbindung mit Ihrem Innern.

Suchen Sie menschliche Unterstützung

Wichtig sind nun liebevolle Beziehungen und Kontakte. Jeder braucht dann und wann eine Schulter zum Anlehnen, eine Umarmung, einen Zuhörer. Die Gewissheit, dass jemand für Sie da ist, wird es Ihnen leichter machen, Vertrauen zu empfinden.

Seien Sie gut zu Ihrem Körper

Er trägt Sie auch durch *diese* Zeit. Indem Sie ihm wohlwollend begegnen, schaffen Sie eine gute Voraussetzung, um sich seelisch besser und präsenter zu fühlen. Sport ist ein wunderbares natürliches Antidepressivum – am besten an der frischen Luft.

Drücken Sie Ihr Empfinden aus

Das erleichtert: Vielleicht möchten Sie kreativ sein und Ihre Gefühle in Form von Farben auf einer Leinwand, Texten oder Musik zum Ausdruck bringen. Teilen Sie Ihr Erleben mit, anstatt es herunterzuschlucken oder mit sich allein ausmachen zu wollen.

Achten Sie auf eine klare Tagesstruktur

Tun Sie täglich etwas Sinnvolles. Das stärkt Ihr Selbstwertgefühl und verhindert, dass Sie sich in Grübeleien verlieren.

Übernehmen Sie Verantwortung …

… wie ein Kapitän für sein Schiff, das sich gerade auf hoher See im Sturm befindet. Bei Bedarf suchen Sie sich auch professionelle Hilfe, die Sie durch die Krise begleitet. Ein Therapeut oder Coach kann Ihnen wie ein Leuchtturm Orientierung bieten, wenn Ihr Leben in Veränderung begriffen ist.

DIE VIER PSYCHOLOGISCHEN GRUNDBEDÜRFNISSE

Der bekannte Psychotherapeut und Hochschullehrer Klaus Grawe hat in zahlreichen Studien zum seelischen Wohlbefinden des Menschen vier Punkte herausgearbeitet. Wenn diese zufriedenstellend erfüllt werden, liegt darin eine gute Voraussetzung für ein glückliches und zufriedenes Leben. Gleichzeitig sinkt die Wahrscheinlichkeit seelischer Leiden. Diese vier Aspekte bieten auf dem Weg der Selbstliebe eine klare Richtschnur.

Bindung

»——› Pflegen Sie wohltuende Beziehungen und liebevolle Kontakte, denn diese sind Balsam für die Seele. Sie müssen nicht alles allein schaffen – menschliche Nähe und Unterstützung sind ein ganz natürliches Bedürfnis.

Orientierung

»——› Struktur, Kontrolle und Selbstbestimmung geben Sicherheit und einen stabilen Rahmen. Ein geregelter Alltag schenkt Halt und das Gefühl, selbst Einfluss auf sein Leben zu nehmen. Sich als wirksam zu erleben und das eigene Leben steuern zu können fördert das Selbstbewusstsein.

Selbstwert

»——› Alles, was Ihr Selbstwertgefühl stärkt, ist gut für Ihr seelisches Wohlbefinden. Vieles davon hängt mit dem Beruf zusammen und damit, wie Sie Ihr Können zum Ausdruck bringen und dafür Anerkennung ernten. Seien Sie es sich wert, Aufgaben nachzugehen, die Ihnen persönlich liegen und die Sie mit Freude und Sinnhaftigkeit erfüllen.

Lust

»——› Zur seelischen Balance gehört das Empfinden von Freude und Lust. Kommt dieses Bedürfnis zu kurz, weil Arbeit und andere Anforderungen den Alltag beherrschen, ist Frustration vorprogrammiert. Daher ist es ganz wichtig, Zeit zu finden für Dinge, die Ihnen Spaß machen, bei denen Sie das Kind in sich leben lassen.

Alle Träume
können WAHR werden,
wenn wir
den MUT haben,
ihnen zu folgen.

Walt Disney

STÄRKUNG FÜR IHR NEUES SELBSTBEWUSSTSEIN

Praxistipps

Machen Sie eine Reise durch Ihr Leben

★ Durch Selbstliebe werden Sie für sich selbst und auch für andere immer spür- und sichtbarer. Wie wäre es mit einer kleinen gedanklichen und emotionalen Reise durch Ihr Leben? Machen Sie es sich gemütlich und holen Sie alte Fotos hervor. Betrachten Sie Bilder von sich in allen Lebensphasen und -lagen. Als kleines Kind, Teenager und junger Erwachsener, mit Familie und Freunden oder allein, lustige Schnappschüsse genauso wie seriöse Bewerbungsfotos. Das sind alles Sie! Bestimmt steigen einige Erinnerungen auf. Heißen Sie alle Gefühle willkommen, und wenn ein bestimmtes Foto Sie berührt, hängen Sie es an Ihre Pinnwand.

Werfen Sie einen Blick auf Ihre Kontakte

★ Wenn Sie sich positiv verändern, werden möglicherweise Veränderungen im Bereich Ihrer Kontakte folgen. Die Menschen, die sich für Sie freuen, wenn Sie Ihre innere Kraft entdecken, werden

wohl an Ihrer Seite bleiben. Manchmal bringt persönliches Wachstum es aber auch mit sich, dass Wege sich trennen. Das mag kurzfristig enttäuschend sein, aber langfristig möchte das Leben das Beste für Sie und wird Sie stets zu passenden Menschen führen. Vertrauen Sie Ihrer Intuition.

Nutzen Sie achtsam den Spiegel Ihrer Umwelt

★ Im Alltag passiert es schnell, dass etwas Äußeres unsere Aufmerksamkeit erregt oder wir die Ursache oder Verantwortung für etwas, was uns missfällt, bei jemand anderem suchen. Der russische Schriftsteller Leo Tolstoi sagte dazu, wir

Menschen verhielten uns manchmal wie ein Hund, der den Spiegel anbellt, weil er glaube, dort nicht sich selbst, sondern einen anderen Hund zu entdecken. Gehen Sie fortan einen Schritt tiefer und fragen sich, was der andere Ihnen spiegelt oder was Sie durch ihn lernen können. So können Sie die Chance nutzen, sich durch Konflikte weiterzuentwickeln.

Entwickeln Sie Bewusstsein in der Krise

★ Behalten Sie das große Ganze im Auge, wenn Sie gerade durch eine schwierige Zeit gehen. Stellen Sie sich vor, Sie stehen auf einer Bergspitze und haben von dort einen Überblick über Ihr Leben. Sie erkennen alle Höhen und Tiefen, und Sie erinnern sich, wie Sie auch frühere Herausforderungen bewältigt haben. Das rückt die momentane Situation in ein neues Licht, nimmt ihr ein wenig von der Schwere. Fragen Sie sich: Wo liegt die Chance in meiner jetzigen Lage? Wo möchte das Leben mich haben?

Hören Sie auf die innere Stimme

★ Mangelnde Selbstliebe bedeutet oft, die innere Stimme und eigene Wünsche zu ignorieren. Es werden viele Gründe gefunden, um dies zu rechtfertigen: die beruflichen Anforderungen, die keinen Spielraum lassen, die Vorstellungen der Familie, die eigene Prägung, was »man« tut und was nicht … Letztlich bedeutet das, äußeren Vorstellungen größeres Gewicht zu geben als sich selbst. Heißen Sie Ihre inneren Impulse willkommen, denn sie möchten Ihnen den richtigen Weg weisen – Ihren eigenen!

Machen Sie von Ihrer Schöpferkraft Gebrauch

★ Mit wachsender Selbstliebe werden Sie immer mehr das Bedürfnis spüren, Ihre Wahrheit und Individualität zum Ausdruck zu bringen. Zögern Sie nicht damit, denn jeder Tag ist kostbar! Widmen Sie einen Teil Ihrer Freizeit der Planung und Umsetzung Ihrer Träume und Visionen. Ein fester Termin dazu im Kalender und die Motivation guter Freunde können Ihnen dabei helfen, am Ball zu bleiben.

Besorgen Sie sich ein schönes Notizbuch

★ Das führen Sie ab sofort immer bei sich. Darin können Sie jederzeit Ihre kreativen Ideen notieren. Sagen Sie sich innerlich oder schreiben Sie auf die erste Seite: »Ich bin offen für alle Ideen, die das Leben bereichern.« So schalten Sie praktisch auf Empfang und regen den Ideenfluss an für alles, was das Leben schöner macht.

SELBSTLIEBE-FALLEN

Es gibt verschiedene Fallen im Alltag, in die jeder von uns schon einmal getappt ist, Situationen, in denen es an Selbstliebe mangelt. Sie sind weit verbreitet und ich möchte Ihnen ein paar Tipps mit auf den Weg geben, wie Sie sich daraus befreien können.

★ *Selbstschädigendes Verhalten*

Viele Menschen versuchen ihren großen inneren Hunger mit einem Übermaß an Genussmitteln zu stillen: Zu viele Zigaretten, Zucker, Essen als Liebesersatz oder regelmäßiger Alkoholkonsum und Drogen schaden körperlich und seelisch mehr, als dass sie die Leere im Innern füllen. Leider macht vieles davon auch noch süchtig. Selbstschädigendes Verhalten kann aber auch andere Gesichter haben, wie das Verbleiben in kräftezehrenden Beziehungen oder Arbeitsverhältnissen. Oft wird dadurch ein altes inneres Programm bestätigt, das lautet: »Ich habe nichts Besseres verdient.«
Die Heilung besteht darin, den Blick von außen nach innen zu richten und sich immer mehr des eigenen Wertes bewusst zu werden.

Wenn Sie beginnen, Ihre Selbstliebe zu stärken, können Sie langsam entdecken, dass Sie sehr wohl etwas Besseres verdient haben – körperlich, beruflich und emotional! Dann kann das Bedürfnis nach selbstschädigendem Verhalten mit der Zeit ersetzt werden durch Lust auf Dinge, die Ihnen wirklich guttun. Folgende kraftvolle Affirmation ist dabei hilfreich:

Ich liebe mich und verdiene in jeder Hinsicht das Beste.

★ *Gewalt in Beziehungen*

Körperliche und emotionale Gewalt sind das Gegenteil von Liebe und verursachen Schmerz und Scham. Das Opfer fühlt sich oftmals schuldig und unfähig, die Beziehung zu verlassen. Wenn Sie von einer solchen Situation betroffen sind, ist es nicht nur wichtig zu erkennen, dass nichts auf der Welt solch eine Behandlung rechtfertigt, sondern auch, dass Sie den Schritt nach außen wagen und Ihre eigene Kraft (wieder)entdecken. Warten Sie damit nicht, denn Ihr Selbstwertgefühl braucht neuen Raum. Teilen Sie sich anderen mit, und nehmen Sie Hilfe in Anspruch, um sich aus der ungesunden Situation zu befreien. Tägliche Selbstliebe-Übungen werden Ihnen dabei helfen, sich Schritt für Schritt Ihrer Größe bewusst zu werden, anstatt sich kleinmachen zu lassen. Sagen Sie sich mehrmals am Tag folgende Affirmation:

Ich liebe mich und bin es mir wert, gesunde Verbindungen zu pflegen, zu mir selbst und mit anderen.

»Dafür hab ich keine Zeit!«

Diese Ausrede klingt vergleichsweise harmlos, ist aber auch nichts anderes als eine Selbstliebe-Falle. Denn zwischen den Zeilen steht gleichzeitig: Alles andere ist wichtiger als meine eigenen Bedürfnisse. Seien Sie es sich ab heute wert, sich neben Familie und Beruf Auszeiten für sich zu nehmen und sich dadurch vielleicht neu kennenzulernen! Der Tag hat 24 Stunden, und bestimmt können Sie sich davon ein Weilchen sich selbst widmen, um gut zu sich zu sein. Ihr Umfeld wird auch davon profitieren! Sagen Sie sich immer wieder folgende Affirmation:

Ich nehme mir bewusst Zeit für mich und meine Bedürfnisse.

»Ich will doch nicht egoistisch sein!«

Selbstlose Aufopferung für andere ist die nächste Selbstliebe-Falle. Um nicht mit Egoismus in Verbindung gebracht zu werden, verausgaben sich viele Menschen für andere. Unbewusst schlummert schon manchmal die Idee im Hinterkopf, dass doch irgendwann der Einsatz zurückkommen wird, den man gegeben hat. Vielleicht genau in dem Maße, in dem man sich selbst Liebe und Aufmerksamkeit wünscht?
Es gibt keinen Orden für Selbstlosigkeit – wohl aber die Möglichkeit, sowohl für sich selbst als auch für andere da zu sein und damit eine ehrliche Zufriedenheit zu entwickeln. Stellen Sie sich noch einmal die Situation in einem Flugzeug vor: Vor jedem Flug wird darauf hingewiesen, dass Sie im Fall eines Druckverlustes zuerst Ihre eigene Maske aufsetzen müssen, bevor Sie Kindern und anderen Passagieren helfen können. Liebevoll für sich selbst zu sorgen bedeutet also nicht Egoismus, sondern schafft erst die Basis, um gut für andere da sein zu können.
Folgende Affirmation kann Ihnen helfen:

Ich sorge für mich selbst genauso gut wie für andere.

»Ich habe keine Liebe verdient!«

Tief in sich verborgen glauben das viele Menschen, und leider hält dieser Glaubenssatz tatsächlich oft die Liebe fern. Sich selbst zu lieben scheint so schwierig, wenn Misserfolge, Gefühle von Minderwertigkeit, Scheitern und Selbstablehnung die eigene Person in ein vermeintlich schlechtes Licht rücken.
Um einen Zugang zur Selbstliebe – einen Anfang – zu finden, ist es hilfreich, sich ein liebevolles und wertschätzendes Umfeld zu suchen. Denn wenn andere einem freundlich begegnen, wird es leichter, dies auch selbst zu tun. Ein warmes und menschliches Umfeld bringt auf Dauer jedes Eis zum Schmelzen und kann dabei helfen, alte Mauern der Selbstablehnung zu durchbrechen.
Seien Sie es sich wert, Ihre persönlichen Beziehungen zu beleuchten und sich nur noch mit den Menschen zu umgeben, bei denen Sie Wertschätzung und Aufrichtigkeit verspüren. Wenn Sie das konsequent eine Weile lang tun, wird die Stimme Ihres inneren Kritikers leiser und es wird leichter, sich selbst zu lieben.
Beruflich kann man sich natürlich nicht immer aussuchen, mit wem man es zu tun hat. Aber lassen Sie nicht zu, dass Stress, Leistungsdruck oder Mobbing am Arbeitsplatz an Ihrem Selbstwert nagen. Es gibt durchaus Unternehmen, die eine freundliche Atmosphäre, Anerkennung und Teamspirit bieten und die es Ihnen langfristig erleichtern werden, freundlich und entspannt mit sich selbst umzugehen. Erstellen Sie sich außerdem Listen Ihrer Stärken und davon, was Sie schon alles geschafft haben in Ihrem Leben. Das lenkt den Fokus in eine positive Richtung. Wenn es Ihnen gelingt, sich auch nur ein kleines bisschen zu wertschätzen, haben Sie damit einen Anfang für Ihre Selbstliebe geschaffen und sind auf dem richtigen Weg. Nutzen Sie folgende Affirmationen, die Ihnen helfen werden, sich selbst Liebe zu schenken und sie von anderen anzunehmen:

Ich bin liebenswert und wertvoll. Jetzt öffne ich mich all dem Guten, das zu mir kommen möchte.

»Ich fange an, mich zu lieben, wenn …«

… ich 10 Kilo abgenommen habe, denn dann erst kann ich mich mögen, … ich endlich befördert werde und beruflich erfolgreich bin, … ich endlich dies und das erledigt habe.

Solche und ähnliche Argumente werden oft benutzt, um die Fürsorge für sich selbst nach hinten zu schieben. Selbstliebe wird mit Auflagen und Voraussetzungen

zungen verknüpft und vertagt. Aber echte Liebe kennt keine Bedingungen, sondern möchte hier und jetzt fließen. Das ist die Herausforderung, aber auch gleichzeitig das Praktische an der Selbstliebe. Sie können jederzeit damit beginnen, gemütlich im Schlafanzug auf dem Sofa genauso wie im Business-Alltag. Was zählt, ist Ihre Entscheidung, ab sofort Ja zu sich zu sagen. Interessanterweise kommt der Rest oft von selbst.

Tina, die ihr Lebtag mit ihrem Gewicht haderte (»Ich kann mich nur lieben, wenn ich endlich schlank bin«), beschloss irgendwann, dass sie das einfach nicht mehr wollte. Sie hatte die Nase voll von der ständigen Verurteilung ihrer Figur. Sie entschied sich für Selbstliebe und begann hier und jetzt, gut zu sich zu sein, mit allem, was sie war. Was passierte? Sie begann, sich wohler in ihrem Körper zu fühlen, und nach und nach schmolzen einige Kilos dahin, ganz ohne Diät. Authentisch und sympathisch unterstützt sie nun andere Frauen mit dem gleichen Problem. Deshalb: Warten Sie nicht mit der Selbstliebe, fangen Sie gleich heute damit an! Folgende Affirmation möchte Sie dabei unterstützen:

Hier und jetzt liebe ich mich mit allem, was ich bin.

»Ich kann nichts fühlen!«

Vielleicht möchten Sie gern Ihre Selbstliebe entwickeln und sich mehr spüren. Aber Sie fühlen sich momentan emotional abgeschnitten. Das kommt durchaus vor, und manchmal ist das auch sinnvoll. Vielleicht ist das ein Schutz Ihrer Psyche, die Sie vor zu vielen Eindrücken bewahren möchte, oder vielleicht sind Sie derzeit in Ihrem Leben einfach sehr eingespannt. Möglicherweise haben Sie auch Ihre Gefühle lange Jahre vermieden, weil niemand sie sehen wollte. Seien Sie freundlich zu sich, und üben Sie sich darin, den Status quo zu akzeptieren. Ihre Gefühle und somit auch Ihre Lebendigkeit werden wieder erwachen, wenn Sie sich selbst Wärme schenken. Alles kommt zum richtigen Moment. Selbstfürsorge und -liebe können Schritt für Schritt wachsen, wenn Sie sich die Zeit geben, die Sie auf Ihrem ganz persönlichen Weg brauchen. Folgende Affirmation kann Sie dabei unterstützen:

Ich bin gut zu mir und habe alle Zeit, die ich brauche.

WIE SELBSTLIEBE TEIL IHRES LEBENS WIRD

1

Lebenslänglich

Die Entscheidung, sich selbst zu lieben, ist ein Versprechen auf Dauer. Sie werden vielleicht manchmal herausgefordert sein, wirklich bei sich zu bleiben – wenn es z. B. bei jemand anderem »brennt«. Helfen Sie, aber bleiben Sie dabei immer Ihren eigenen Werten und Ihrer Linie treu. Dann können Sie zunehmend gelassener und glücklicher durchs Leben gehen, weil Sie wissen, dass Sie sich auf sich verlassen können – komme, was wolle.

2

Krisen sind seelische Prüfungen

Was sich erst einmal nicht schön anfühlt, bedeutet in Wahrheit eine Möglichkeit, ganzer zu werden, und ist ein Tor zu größerer Freiheit. Besonders jetzt ist es wichtig, Selbstliebe zu üben und achtsam und fürsorglich mit sich und den eigenen Gefühlen und Bedürfnissen umzugehen. Manchmal sind Krisen notwendig, damit sich das Leben neu und passender sortieren kann.

3

Sich selbst im äußeren Spiegel erkennen

Wenn Ihre Selbstliebe wächst, werden Sie erkennen, dass alles in Ihrem äußeren Leben Sie selbst zurückspiegelt. In dem Maße, in dem Sie sich verändern und liebevoller zu sich werden, werden Sie durch eine veränderte Resonanz im Außen dazu passende Umstände anziehen. Nutzen Sie bewusst Ihre Schöpferkraft!

4

Den inneren besten Freund befragen

Gehen Sie öfter mit Ihrem inneren besten Freund in Kontakt. Hören Sie sich selbst zu, und schenken Sie sich selbst genau das Verständnis, den Glauben und die Bestärkung eines wahren Freundes. Sie können dadurch auf einer neuen Ebene die Erfahrung machen, dass Sie in sich die Fähigkeit besitzen, sich liebevoll zu versorgen. Das macht Sie innerlich frei.

5

Entfaltung

Das Leben möchte, dass Sie sich entfalten und Ihre Talente und Begabungen zum Ausdruck bringen. Durch wachsende Selbstliebe wird auch die Stimme Ihres Herzens immer vernehmlicher werden – folgen Sie ihr! Dann kann Ihr inneres Feuer erwachen und nicht nur Sie selbst wärmen, sondern auch das Leben anderer Menschen erhellen.

6

Carpe diem

Jeder Tag ist wertvoll. Seien Sie es sich ab sofort wert, Ihren Lebensträumen zu folgen und Ihre Herzenswünsche in die Tat umzusetzen. Dazu ist es niemals zu spät, und Sie haben es verdient!

MEINE ZUKUNFTSVISION

Wie sieht Ihre Wunsch-Zukunft aus? Welche Vision schlummert vielleicht in Ihnen und möchte zum Leben erwachen? Ganz gleich, wie alt Sie sind, überlegen Sie sich, was genau Sie sich für Ihre Zukunft wünschen – im Großen wie im Kleinen –, und notieren Sie Ihre Gedanken auf dieser Seite. Lassen Sie Ihrer Fantasie und Ihrem Herzen freien Lauf!

Meine persönlichen Herzenswünsche für die Zukunft (Beruf, Beziehung, Familie):

Meine Lebensträume: Das will ich verwirklichen (z. B. nach Rio zum Zuckerhut reisen, mich erfolgreich selbständig machen, mit meiner Familie in ein Landhaus ziehen):

Meine nächsten Schritte (Was kann ich schon jetzt tun, um dies praktisch umzusetzen):

Welche Hindernisse könnten auftauchen und wie könnte ich gut damit umgehen?

SICH SELBST VERGEBEN

Die Reise zu uns selbst und zu mehr innerer Harmonie hat viele Facetten. Mit einigen davon haben wir uns schon beschäftigt, doch ein ganz wichtiger Aspekt bekommt den Ehrenplatz jetzt gegen Ende dieses Büchleins: Es handelt sich um Vergebung. Alles, was ungeklärt ist, kostet Energie, im Persönlichen wie im Globalen.

Der Frieden, den wir uns wünschen und den die Welt dringend braucht, beginnt in uns selbst.

Liebe kann wachsen, wenn wir Frieden mit unserer Vergangenheit, den Mitmenschen und mit uns selbst schließen. Angenommen, jeder Einzelne fühlte sich friedlicher und liebevoller, wie sehr würde dann das große Ganze profitieren!

»——› Machen Sie eine Art persönliche Inventur. Was blockiert Sie noch in Ihrem Leben, wo hängt möglicherweise etwas fest? Schreiben Sie auf einem Blatt Papier alle Menschen und Situationen auf, zu denen Sie noch unbewältigte Gefühle spüren. Denken Sie an Ihren Wunsch nach mehr Liebe und Wertschätzung, an die Freude, die ein Leben im Hier und Jetzt bereithält. Stellen Sie sich mutig und ehrlich den »noch offenen« Gefühlen. Vielleicht möchten Sie an der einen oder anderen Stelle ein Gespräch suchen oder jemandem einen Brief schreiben? Was brauchen Sie zum Loslassen? Seien Sie milde und vergeben Sie auch sich selbst.

Vergebung befreit und ist einer der wichtigsten Schlüssel auf dem Weg zu innerer Harmonie.

Geben Sie sich dafür so viel Zeit, wie Sie brauchen. Es wird sich anfühlen wie inneres Aufräumen.

Auf Ihrem persönlichen Weg zu Selbstliebe und innerer Freiheit wünsche ich Ihnen viel Mut, Klarheit und Freude. Der Weg ist das Ziel, und es ist wunderbar, dass Sie ihn gehen, auf Ihre Weise und in Ihrem Tempo. Entdecken Sie dadurch Ihre innere Kraft – Sie sind einzigartig und wertvoll.

ZUM WEITERLESEN

Lesetipps aus meinem Bücherregal

Betz, Robert: *Willst du normal sein oder glücklich?* Wilhelm Heyne Verlag 2011

Brähler, Christine: *Selbstmitgefühl entwickeln. Liebevoller werden mit sich selbst.* Scorpio Verlag 2015

Hay, Louise: *Gesundheit für Körper und Seele.* Ullstein Verlag 2004

Hay, Louise: *Spiegelarbeit. Die Essenz aus Louise Hays Lebenshilfe-Programm als 21-Tage-Kurs.* Leo 2016

Hay, Louise: *Wahre Kraft kommt von innen.* Ullstein Verlag 2004

Marrez, Anne und Oda, Maggie: *Frieden schließen mit dem eigenen Körper. Das kleine Übungsheft.* Trinity Verlag 2015

Mohr, Bärbel und Manfred: *Das Wunder der Selbstliebe.* Gräfe und Unzer 2011

Murphy, Joseph: *Die Macht Ihres Unterbewusstseins.* Ariston 2015

Satir, Virginia: *Meine vielen Gesichter.* Kösel Verlag 2001

Hilfreich auf dem Weg zur Selbstliebe sind auch Gruppen und Trainings, die Aspekte wie Körperarbeit und Meditation einschließen und über einen längeren Zeitraum dauern. Sie werden entdecken, dass viele Menschen genau wie Sie auf der Suche sind und ihr Herz öffnen möchten!

Webseite der Autorin
www.cardea-training.de

BILDNACHWEIS

Alle Illustrationen in diesem Buch stammen von Martina Frank, München, mit Ausnahme von S. 17: Shutterstock/Sharpner und S. 19: Shutterstock/Pavlenko
Alle Fotos: Shutterstock; vordere Klappe: nednapa, S. 12/13: iravgustin, S. 18/19: Sofiaworld, S. 38/39: logoboom, S. 66/67: Dubova, S. 82/83: Pushish Images
Hintergrundmotive: Shutterstock/Elmiral

QUELLENNACHWEIS

Die Zitate in diesem Buch stammen aus folgenden Quellen:
Vordere Klappe: Byron Katie, vmtl. aus einem Vortrag, genaue Herkunft ungeklärt, S. 13/14: Oscar Wilde, aus einer Aphorismensammlung; S. 38/39: Charles Chaplin aus dem Film »Der große Diktator«; S. 65: Thich Nhat Hanh, aus einem Vortrag; S. 66/67: Jim Rohn, genaue Herkunft ungeklärt; S. 79: Max Frisch, genaue Herkunft ungeklärt; S. 82/83: Walt Disney, genaue Herkunft ungeklärt. Leider ist es nicht in allen Fällen gelungen, die Fundstelle ausfindig zu machen. Der Verlag bittet ggfs. um Nachricht, damit bei einer Nachauflage eine korrekte Quellenangabe erfolgen kann.
Angaben zur Körperwahrnehmung S. 58: Cash, T.: *The Body Image Workbook*, New Harbinger 2008

MIX
Papier aus verantwortungsvollen Quellen
FSC® C084279
FSC www.fsc.org

2. Auflage 2016

Umschlaggestaltung und Layout:
Favoritbuero, München
Umschlagmotiv: Shutterstock/My Good Images
Satz: Nadine Wagner, München
Projektleitung und Lektorat: Heike Mayer
Druck und Bindung: Print Consult, München
ISBN 978-3-95803-045-9

Liebe Leserin, lieber Leser,
leicht geht's besser: Mit unserer Reihe *Leichter leben* möchten wir Sie zu einem neuen Lebensgefühl inspirieren und bei Veränderungsprozessen unterstützen. Alle Inhalte wurden gewissenhaft erstellt und sorgfältig geprüft, die Übungsanleitungen und Vorschläge haben sich in der Praxis bewährt. Danke, dass Sie in eigener Verantwortung prüfen, inwieweit Sie die Anregungen umsetzen möchten. Eine Haftung für die Resultate vonseiten der Autoren bzw. des Verlags und seiner Beauftragten ist ausgeschlossen.

Mehr über unsere Bücher:
www.scorpio-verlag.de